JN253721

あなたもできる
3億円のお歳暮をあげなさい!!

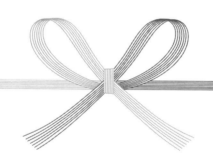

競合店やライバル会社に差をつける
小さな会社のアイデア術

双子の兄・弟
田中徹・明

彩図社

はじめに
あなたもできる3億円のお歳暮をあげなさい!!

はじめまして。埼玉県川口市、最寄り駅は東浦和駅、印刷物を中心とした広告制作の仕事をしている、株式会社デザインこころの田中明《あきら》と申します。このたびは、多くの書籍の中から本書を手に取っていただき、ありがとうございます。そして突然ですが、

「3億円のお歳暮ってどういうこと?」と思いませんでしたか?

まずは気になる本のタイトルの答えを言わせてください。

3億円とは、年末ジャンボ宝くじをお歳暮と一緒にお贈りして「1等が当たれば3億円ですよ」という意味です。

遊び心のあるネタです。答えを聞くと「なんだ、そういうことか」と思ったかもしれません。しかし、私たちの周りには、おもしろいことが好きな方が集まっているからかもしれませんが、皆さん大変喜んで受け取ってくれました。ただ渡したのではおもしろがってもらえなかったかもしれませんが、スポーツ新聞風の号外と一緒に贈ったりとさまざまな工夫をしたこと

で好評につながったのだと思います（詳細は14ページ）。
この本では私たちが実践してきた、ビジネスで使えるおもしろいアイデアを集め紹介しています。
アイデアや工夫の具体例はいろいろなシーンで使うことができます。いつも忙しいビジネスマンの皆様、何かおもしろいネタを探している経営者の皆様、気分転換のため会社帰りに偶然この本を手に取った社会人の皆様、本の中身を確かめずタイトル買いしたそこのあなたも！

まずは、読むというよりは、ご覧になって下さい！

そしてほんの1つでも「おもしろそうだな」と思うアイデアがあったら是非、実践してみてください！

デザインこころという広告制作の事務所を立ち上げ、今年で8年目になりました（平成27年12月現在）。
双子の兄、田中徹を代表として私弟、田中明、長谷川基貴、大山祥子の4人で活動している小さなデザイン会社です。印刷物・紙媒体の広告デザインをお客様にご提案する仕事が中心です。双子が働いている会社というだけでも珍しいのですが、当社の特徴はそれだけではありません。

近年、インターネットの普及や、紙媒体の縮小もあり、印刷物は年々減っています。そんな中でも、おかげさまで、

ほとんど営業しなくても仕事が増えています。

なぜ営業しなくても増えているか？　理由は簡単です。

ほとんど紹介で新規のお客様が来ているからです。

ではなぜ紹介してもらえるのか？　近年、広告制作会社が減っていて、紙の広告を中心に制作する会社が少ないということもあります。しかし中には他社で頼んでいたのをやめて、わざわざ当社に依頼してくださるお客様もいらっしゃいます。

その理由は、本書で紹介しているアイデアや工夫を見て、共感してくださったからです。おもしろいと思って頂いたり、こんな切り口があったのかと驚いて頂き、その喜びが次回の仕事や紹介へとつながり、おかげさまで新規の案件が増えています。まさに「おもしろい」で口コミを広げている会社です。

この、おもしろいと思って頂くことを大切にし、工夫やアイデアを続けようと思ったのは、事務所を立ち上げた当初からでした。最初は偶然だったのです。

独立する前に働いていた会社の取引先に、仕事を引き続き頂けないかと兄と私の双子で挨拶に行きました。担当者とお会いすると偶然強面の社長さんがいらっしゃって満面の笑みを

見せたのです。そして同じ顔が並んで打ち合わせをしている奇妙な光景を見ておもしろいとおっしゃいました。そのときは緊張もあり、ほとんど気の利いたことも話せなかったのですが、社長さんに大変気に入って頂き、仕事を出してもらえることになりました。

また次の日、別のお客様の会社へうかがうと、同じように気に入って頂き、そちらでもスムーズに仕事が決まりました。そんなことを続けていくうちに、「おもしろい」というキーワードが大切なことに気付いたのです。

独立当初に頂いた仕事の多くは、従来の印刷物の見積もりや同じものを作るというものでした。しかし、ただ見積もりを出したり、似たようなものを作ってはおもしろくないと思い、「ついでにこんな形に変えてみました」と、少しデザインを変更したり体裁・仕様を違うものにしてご提案しました。

すると大変ご好評頂き、他の依頼へとつながっていったのです。この「少し変えてみる」という工夫や、アイデアをいろいろなシーンに取り入れ、少しずつ他社との差別化につなげていきました。

本書ではさまざまなジャンルのアイデアや工夫を紹介します。本書をご覧になり、仕事のヒントを見つけたり、「おもしろい」と感じて頂けるとうれしく思います。

株式会社デザインこころ　田中　明（双子の弟）

デザインこころとゆかいな仲間たち

マンガ：田中徹（兄）

あなたもできる
3億円のお歳暮を
あげなさい!!

【もくじ】

目次

第3章 あなたのお店の前を通る人を笑顔にして特別な存在になれ!!

～お店の外に貼る&置くＰＯＰを変えるだけで人が集まるアイデア～

第6章 楽しい演出で特別な存在になれ!!

～自分も楽しんで行うと魅力のあるものに変化するアイデア集～

第7章　広告はお客様に贈るラブレター

〜ゴミ箱に行かせない！　読んでもらうアイデア集〜

第1章

お中元・お歳暮で特別な存在になれ!!

怖い顔の社長も笑顔になったお中元・お歳暮とは

お金持ち気分になれるお歳暮をどうぞ!
強面の社長が
満面の笑顔に!!

01

アイデア&工夫

3億円のお歳暮！みんなを笑顔にした魔法の新聞

本書のタイトルにある「3億円のお歳暮」は、巻頭でも種明かしをした通り、

年末ジャンボ宝くじをお贈りするということなんです。

なぁーんだと思う方もいるかもしれません。でも、毎年たくさんの方にお贈りして、皆さんとても喜んでくれます。3億円で何を買うか真剣に夢を語ってもらえます。

ここでお伝えしたいのは、宝くじを普通にお渡しするのではなく、

せっかくなら「楽しんで贈ろう！」ということなんです。

気難しい社長やお客様も含め、なぜ皆さんがそこまでオーバーリアクションで楽しんでくれるのか、それは、

「おもしろい演出」をしてお渡しするからです。

まずはお渡しした新聞をご覧下さい。

▲スポーツ新聞風の見出しで期待値を上げた手紙
「３億円プレゼント!?」と驚き裏をめくると……

▲裏面に宝くじを貼り付けて1等が当たったら3億円と記載

なぜ宝くじを渡そうと考えたのか、それは商売やビジネス繋がりで「お金」というわかりやすい話題で盛り上がることができるからです。お互い商売繁盛を目指しているので話に入りやすいのです。だから強面の社長にも宝くじをプレゼントできたというわけです。

お歳暮にジャンボ宝くじをおすすめする理由は、年末のご挨拶に行ったときにおみやげ代わりになるからです。1年の最後に笑い合える関係で締めくくれるのは素敵ではありませんか。

是非宝くじと夢をプレゼントして相手と楽しさを共有してみてください。

このわくわくを贈って共有するということが商売繁盛につながる重要なヒントです。また年末ジャンボ宝くじに限らず、年間を通してさまざまな宝くじが販売されています。1等の当選金額は少なくなりますが、1枚100円から販売されているものもあります。好きな数字を選べるロトやナンバーズもあります。

そんな宝くじを財布に入れておけば、何か盛り上がるアイテムはないか？　と考えたときに活躍します。好きな数字を4つ選べるナンバーズ4は、ちょっとした誕生日プレゼントとして活躍します。例えば11月27日が誕生なら「1127」の4つの数字を選びプレゼントします。すると、なんだか洒落た宝くじになり好評です。

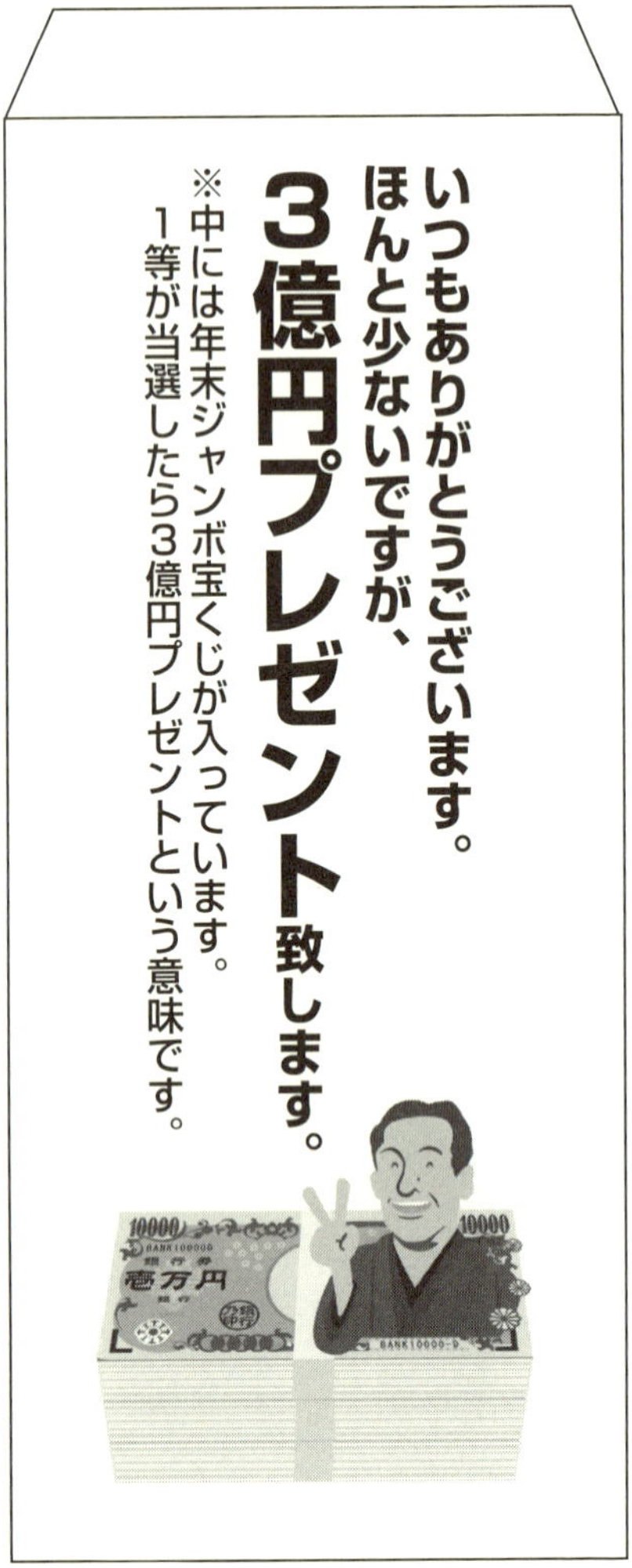
いつもありがとうございます。
ほんと少ないですが、
3億円プレゼント致します。
※中には年末ジャンボ宝くじが入っています。
1等が当選したら3億円プレゼントという意味です。

▲お渡しするシーンによって
封筒に印刷したりと
バリエーションを変更します。

お渡しするシーンはさまざまです。右のようなデザインをした封筒に入れたり、お年玉袋に入れたりと、そのままお渡しするより演出をした方が楽しんで頂けます。

「これは何ですか?」と必ず聞かれるので、

1等3億円が当たる予定の宝くじです。

と答えてみて下さい。日頃仕事の話しかできなかった強面の社長に宝くじをプレゼントしたら大変喜んで頂き、仕事につながった事例もあります。

このスポーツ新聞風や封筒で渡したい方は、当社ホームページに無料でテンプレートをアップしておりますので是非お使い頂ければと思います。

「デザインこころ」で検索　http://www.design-cocoro.com/

トップページ→上部のメニューボタン→おもしろテンプレート→○億円プレゼント

02

アイデア&工夫

社内中に響く「おっ！」と言わせた黄金に光り輝く金箔ケーキ

ここでは受け取った相手が驚くおすすめの商品をご紹介します。お中元・お歳暮のシーンで大活躍します。ビジネスシーンで贈ることを考え、ここでも「商売繁盛」や「儲かる」「お金持ち」などのイメージが浮かぶものをセレクトしています。もちろん見た目だけでなく美味しさも追求しています。

●箔座株式会社「チョコレートケーキ　黄金の焼菓子」

（参照 URL：http://www.hakuza.com/）

しっとりした口当たりのケーキに金箔を大胆にあしらった一品。黄金とある通り、金色に輝く見た目にも豪華なケーキです。値段は意外にリーズナブルで1本1490円！（税込・送料別　平成27年10月現在）。箔座株式会社さんのオンラインショップには、他にも金箔を使用したお茶、飴などさまざまなシーンでお贈りできるアイテムが取り揃えてあり、おすすめです。

※一面に施された
金箔が際立って
かなり印象的です。

▲ケーキということもあり
お歳暮にもおすすめです。
女性が多くいる職場にお贈りすると
とくに喜ばれます。

◀チョコレートケーキ 黄金の焼菓子
￥1,490（税込）
大納言入抹茶ケーキ 黄金の焼菓子
￥1,685（税込）もあり
お客様の好みに合わせて
お贈りできます。

こんなインパクトのあるお中元・お歳暮なら、他社やライバルとの差別化を図ることができます。箱を開けたときの驚きとわくわくが印象に残ることでしょう。この他にも金箔を使用したものを探すといろいろな商品があります。

今まで当社でお贈りしたものを簡単に紹介すると、「金箔が入ったコーヒーとお茶」「金箔が輝く透明なゼリー」「金箔を練り込んだお饅頭」などがあります。私たちが毎年お贈りしているお中元・お歳暮は、

3つのポイントを押さえています。

①商売繁盛やお金持ちなどのキーワードを連想させる
②ちょっとした遊び心があり、ふざけすぎない
③値段は千円代～2千円代で高すぎない

①商売繁盛やお金持ちなどのキーワードを連想させる

ビジネスシーンで贈るものなら、先に紹介したケーキのようにもらってなんだか、お金持ち気分になれるものがわかりやすいです。商売繁盛の縁起を担いだものがとくに喜ばれます。

◀金持羊羹(ようかん)
開運貯金箱入り

福を招く縁起の良い
付加価値を一緒に
プレゼントでき好評でした。
お客様より結婚式の
引き出物に使いたいと
リクエスト頂いたことも
ありました。

▲金持稲荷

広島県にある用品名酒センター株式会社様が販売。
広島の造幣局から一番近くにあるという金持稲荷で祈願された柿羊羹。

販売：創業明治44年 金持本舗(用品名酒センター株式会社)
ホームページ(http://www.rakuten.co.jp/kanemochi/)

直接手渡しをするときにも、ポイントがあります。日本人はよく謙遜した言葉を使いがちです。例えば、

×つまらないものですが……

そんな言葉を使いたくなりますが、これからお渡しする粗品の価値をわざわざ下げてはもったいないです。だから、

○おもしろい粗品をもってきました！

とか、金箔ケーキのように豪華な粗品なら、

○お金持ち気分になれる粗品をどうぞ！

と、わくわくを演出するポジティブな言葉をそえた方がより魅力的になります。受け取った方もわくわくするので、その場の雰囲気がより明るくなり、楽しい会話が弾みます。

②ちょっとした遊び心があり、ふざけすぎない

お金などが連想されるお菓子を贈るといっても、ふざけすぎず、あくまで感謝の気持ちを伝えるという観点から品のあるものを選んだ方がいいでしょう。贈る相手によってスタッフの人数や年齢もそれぞれなので、お客様によって合わせる気配りも大切です。

③値段は千円代～2千円代で高すぎない

値段も高すぎると下心ありと見えますし、相手が気を使います。お中元やお歳暮なら、上限3000円程度にしましょう。高級なものをお贈りすると、そのレベルをずっと続けなくてはいけません。ランクを下げてしまうと、相手の方も気付きます。やはりずっとお付き合いしていくことを考えて無理なくお贈りできる範囲で考えるのがおすすめです。

限られた予算で、何を贈ろうか一生懸命知恵を絞ることも他社と差別化を図ることにつながる大切なポイントです。

03 アイデア&工夫

洒落がきいた景気回復を願ったケーキ？クリスマスにお歳暮

お歳暮という言葉は、文字通り年の暮れを意味するそうです。
1年間お世話になった方々に、贈り物を持参して回る歳暮《せいぼ》回《まわ》りの習慣が定着したものとされています。贈る時期（期間）は地方によって異なるそうですが、関東では12月1日～12月20日頃です。年末の忙しい時期ですから、遅くても25日までがいいそうです。

差別化を図る贈るタイミングとはいつでしょうか？
それは一番最初かあえて一番最後です。
（最後の場合は先方が休みにならないよう注意が必要ですが）

私たちも、年末にお歳暮を贈る準備を進めていました。しかし、慌ただしい時期だったため、贈る手配が12月上旬を過ぎてしまいました。お届けするタイミングで楽しんでもらう方法はないか考えた結果、

あえて12月25日のクリスマスにお贈りしました。

もう時期的にお歳暮というよりクリスマスプレゼントです。前日のクリスマス・イヴで楽しい時間を過ごして余韻にひたっている方も多いことでしょう。そんなタイミングで手元に贈り物が届くようにしたんです。包装はあえて大きな靴下の形をした袋に入れました。ラッピングを見て楽しくなる贈り物になります。

楽しくなる演出といえば、

洒落を効かせたプレゼントもおすすめです。

現在は販売していないのですが「景気回復ケーキ」と書かれたお菓子をお贈りして大変好評だったことを今でも憶えています。

当時は景気が悪い悪いといわれており、世の中全体が落ち込んだ雰囲気でした。そんな暗い世の中のイメージを駄洒落で吹き飛ばそうと考えたわけです。時代は変わりましたがまた不景気、不景気とだれもが言うような時代になったら、あえて元気になるケーキを贈ろうと考えています。

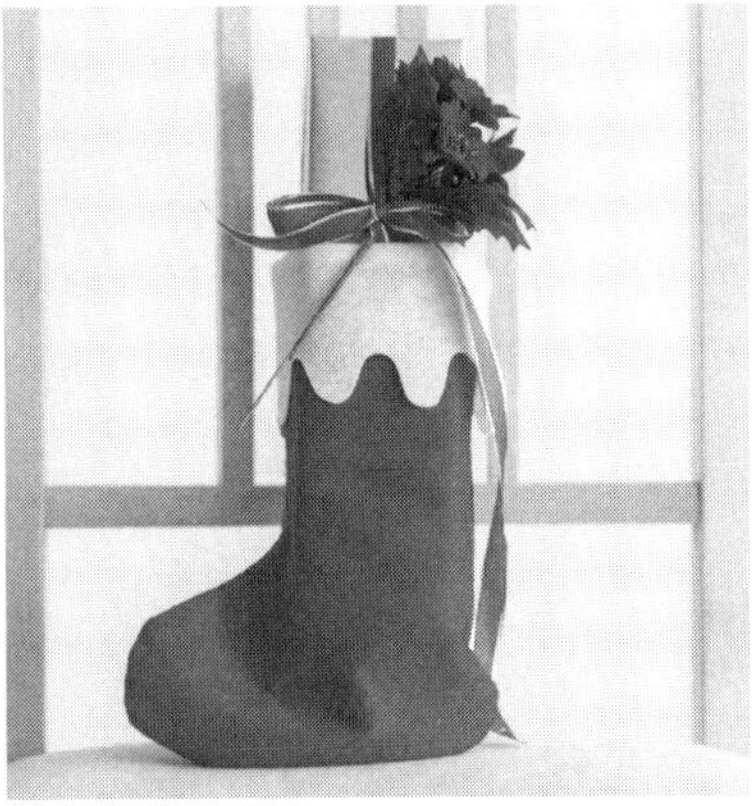

▲年末に100円ショップなどに行くと
クリスマス関連のコーナーがあり
大きな靴下の形をした袋が販売されています。
※写真はイメージ写真です。

▲蓋を開けると小判が敷き詰められ、
時代劇のように「お主も悪よのぉ～」と
やり取りしたくなります。
洒落のわかる方はとても喜んでくれます。

気になった方は「山吹色のお菓子」で検索！

洒落つながりで、冗談というか、なんだか下心あり？　とわざと見えるおもしろいお菓子があります。以前お客様へのおみやげとしてお渡しし、大変好評でした。

●有限会社セントラル・スコープ「山吹色のお菓子」

（参照 URL：http://www.yamabukiiro.com/）

ホームページの説明で、「袖の下（ワイロ）には……」と書かれている、わかりやすい賄賂です（笑）。お得意様との距離をより一層近づけたい営業マンのツールとして、何かと便宜をはかっていただきたいあの方への意思表示として、お主も悪よのう……と一度は言われてみたい方など、贈り方はお客様次第のユニークな一品です。なにか手土産が必要なときの「とっておきのネタ」にしています。

贈り物の内容やタイミング、包装など、工夫できる部分はたくさんあります。さらになかなか会えない方には、商売を抜きにした、近況のお手紙を添えるのも喜ばれます。私の実家では米作りをしているのですが、田植えや稲刈りに奮闘している写真入りの近況を報告したり、ためになりそうな情報を手紙に書いてお渡ししています。するとお会いしたときにその話題で盛り上がることができます。こんなことが何度か続くと、自然といろいろな切り口でお話をするようになり、他の仕事の相談などにもつながっていきます。

モノだけでなく気持ちや情報も大切な贈り物になります。

クリスマスプレゼントをあげなさい!
マンガ：田中徹（兄）

04

アイデア&工夫

究極のお歳暮！ 空気を贈る!? でも喜んでもらえる空気の缶詰とは!?

これまでに紹介してきたようなお中元やお歳暮を贈っていると、ちょっとしたものでは驚かれなくなってしまいます。今回は何を贈ってくるの？ と言われてしまうくらいです。そのため何かいいものはないか常にアンテナをはって探しています。

そんな関係ができたら、贈ってみるとおもしろい商品が、

富士山の空気の缶詰です。

（販売者：富士登山観光株式会社　参考 URL http://www.fujisan5.jp/store/）

中には富士山の空気が詰まっています。同じ商売人同士ですと、何もないところから商品を生み出すアイデアがすごいと盛り上がり好評でした。このようにおもしろい商品をお贈りしていくうちに、

「話のネタ（話題）」になるものを贈ると喜ばれる

ということがわかってきました。

◀左記写真は
富士山頂　空気の缶詰（小）
単価：550円
切手をつけると日本国内に
郵送でき、高さ8cmの大きさです。
中を開けると富士山の空気が
入っています。
（空気なので見えませんが（笑））

販売者：富士登山観光株式会社
URL　http://www.fujisan5.jp/store/

この話のネタつながりで**お寿司を贈ったこともあります。**「お寿司って生ものじゃない？」と思った方、もちろん本物の寿司ではありません。株式会社ニューエストさんが製造している「寿司あられ」です。

▼株式会社ニューエストさんの「寿司あられ」
小分けされたあられのビニールに、リアルな寿司の写真が印刷されたアイデアお菓子です。全14種類と種類も豊富で食べやすい一口サイズです。

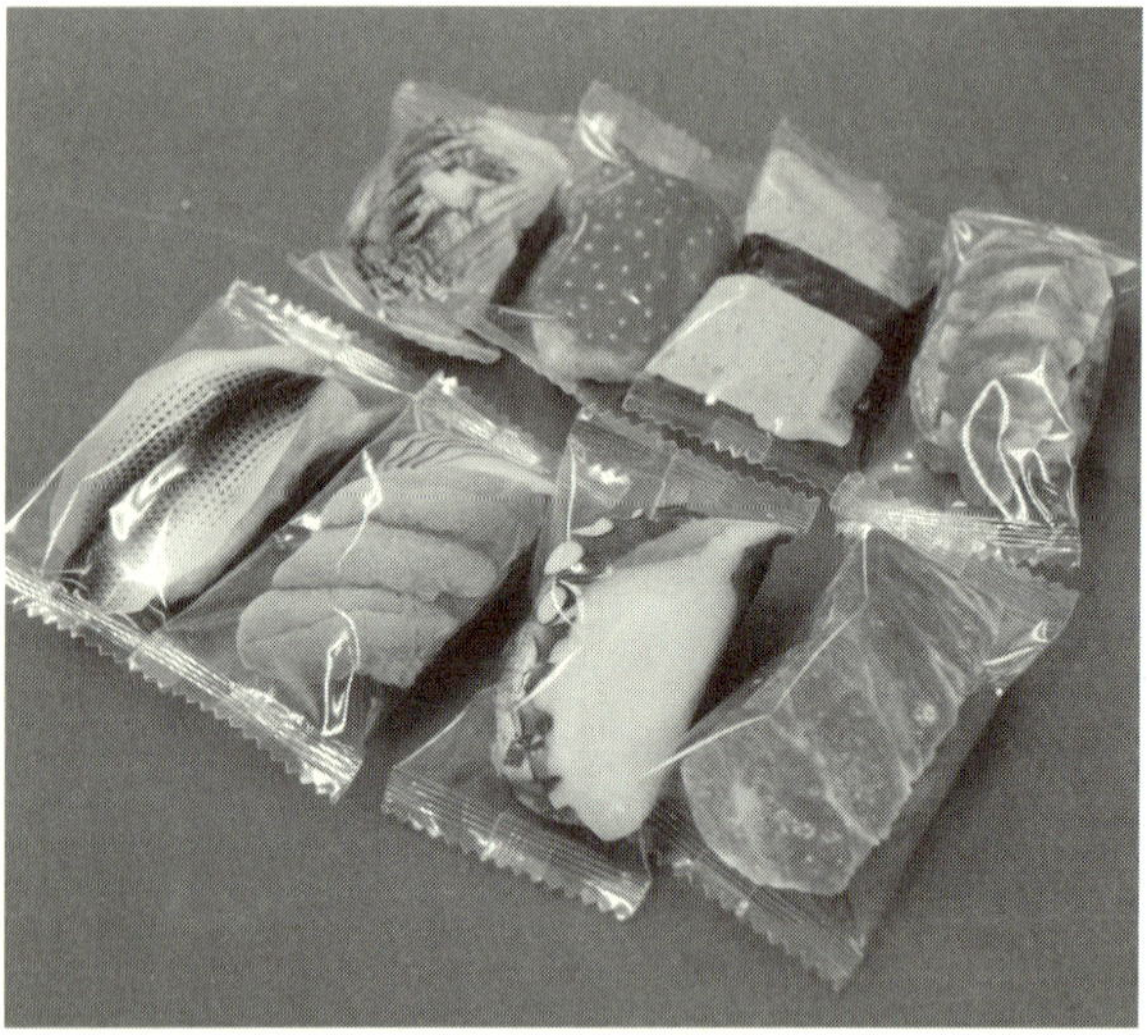

製造：株式会社ニューエスト
この他にもユニークなパッケージのお菓子を製造しています。

もらった商品を知り合いやお客様にも渡したいので詳細を教えてほしいとか、購入するから10セット送ってほしいという問い合わせを最近では頂きます。

おもしろいと思って頂き、話題にもしてもらえ、2度、3度おいしい贈り物になります。

毎回ネタを探すのは大変ですが、喜んだり楽しんでもらえるものを探す視点が育まれ、仕事にも活かされます。

通常の業務やお客様に提案するものも、もっとおもしろくせっかくなら楽しめないかという習慣ができます。

おもしろい缶詰をあげなさい!
マンガ:田中徹(兄)

05

アイデア&工夫

お歳暮は協力会社にあげろ！何倍にもなって返ってくる感謝の法則

突然ですが、お中元・お歳暮はだれにお贈りますか？

商売をなさっている方なら、取引先のお客様へというのが一番多いと思います。最近では友人や知人など、お世話になっている方に贈るという習慣も広がっています。そこで私がおすすめしたいのが、

協力会社（仕事を出している業者の方）へ贈ることです。

「仕事を出している立場なんだから逆にもらいたいくらいだ」とおっしゃるかもしれません。しかし、協力会社へ贈ることをおすすめします。

そもそもお中元・お歳暮を贈ろうと考えたのは、私が以前働いていた会社の社長の贈る姿勢を見ていたからです。しかも贈る相手はさまざま。取引先はもちろん、いつも支えてくれる協力会社等、関係者全員に贈っていました。それをいつも見ていた私は、お中元・お歳暮とは「お世話になっている方へ贈るもの」と考えるようになっていたのです。

しかし独立した当初は、関係者全員にお贈りできる余裕はありませんでした。そこで考え

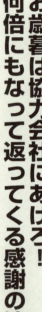

たのはお客様にはいい仕事をして返すと決め、とくにお世話になっている協力会社へ贈ろうと決めたのです。最初は10社程度だったと思います。しかしこの限られた予算の中で、

「協力会社へあえて贈る」ということが当社の社運を左右する大きな転機になったのです。

お中元・お歳暮が協力会社へ届いた後にかかってくる電話は、

「こころさん、逆に贈らなければいけない立場なのにお心遣い、ありがとうございます。これからも是非宜しくお願いします！」

おおむね、このように逆にもらってありがたい。そんな感謝の電話ばかりでした。

お中元シーズンが終わった1ヶ月後、ある事件がおきました。私が制作した広告にミスが見付かり、印刷をし直さなければいけない事態になったのです。独立当初ということもあり、資金も少なく、再度印刷するお金はありません。どうしようか頭を抱えていたところ、印刷会社の社長さんから1本の電話がかかってきました。

「今回の刷り直しは、こちらでうまくやりますから大丈夫です」

そうです。刷り直し分を肩代わりしてくれたのです。

社長さんがそのときおっしゃってくれたのが、

この前のお中元のときもそうだけど
いつも気を使ってもらって感謝しています。
だからこそ力になります。

という言葉でした。うれしくて電話越しに深々と何度も頭を下げたのを今でも憶えています。これで何とか事態を脱することができたのです。このとき、改めて学んだのは、

見返りを期待しないで素直な気持ちで贈ると
何倍にもなって返ってくる

ということでした。

私たちはその後も支えてくれる協力会社へ贈ることを続けています。そしておかげさまで、印刷物が減っている広告業界ではめずらしく、紙媒体の仕事が増え、営業をしなくても仕事がまわってくる体制になりました。

今は「お中元・お歳暮を贈ること」が社交辞令や形式的にならないように、試行錯誤し印象に残るものを心を込めてお贈りしています。

これはたまたま当社がうまくいっただけかもしれないと思っていましたが、経営者の集まりなどで商売繁盛するための秘訣を聞くことがあります。

その秘訣がまさに当社のようなお話でした。

先にあげると何倍にもなって返ってくる。

商売繁盛したければ先にあげなさい。

ということでした。

営業マンが売上げを上げたいならば「くれくれ」ではなく、先にあげればいいというのです。それはお中元やお歳暮などモノではなくてもいいのです。相手がなにかに困っていれば、それに対する解決方法を模索してあげたり、お客様にとって大切な情報をあげたり、また気持ちを明るくする話題や笑顔でもいいのです。

とにかく「先にあげる」ということが大切です。

先日、地元の飲食店街の会合に出席することがありました。さまざまな飲食店の店主が集まる中、背広を着た私たちは場違いな雰囲気を醸し出していました。いかにも営業マン風の装いに周りの方は少し厳しい顔を向けていました。なにか営業されるんじゃないかと警戒している様子です。

そんな中、「おもしろい販促や広告を作っている会社です」という自己紹介と一緒にオリジナルで制作した箸袋を皆さんにプレゼントしたのです。

すると今まで眉間にしわを寄せていた強面のご主人も、おもしろいと笑ってくれて、会合の雰囲気が一気に明るくなりました。

先に「おもしろい」をあげたことで好印象になり、その後、いろいろなお店の仕事へとつながりました。

私の経験ですが、何倍にもなって返ってくるこの法則は、

残り少ないものを相手にあげればあげるほど効果的です。

例えば、お菓子を周りのスタッフにあげます。その結果、自分の分だけ少なくなってしまう場合があります。それでも喜んでくれるからとあげるのです。

すると後日、お礼にと「おかえし」を多くもらえることがあります。さらに、偶然なのか、その話が耳に入ったからなのか、他の方からもなにかをもらえることがあり、何倍にもなって返ってくることがあります。

もちろん無理をしてはいけません。しかし見返りを求めない気持ちで贈る力にはすごいものがあります。贈った方から返ってくる場合と、巡り巡って予想もしなかった違うところか

ら返ってくる場合があります。

　この目に見えない法則を学んだからこそ、順調にやってくることができたのかもしれません。最初に双子で営業しにいって仕事をもらえたのも、先方へ先に「おもしろさ」をあげたからかもしれません。こんな経験をしてきたからこそ、

お中元・お歳暮は協力会社へ贈れ！　とおすすめします。

協力会社へ贈りなさい!!

マンガ：田中徹（兄）

第2章

お店や事務所の演出で特別な存在になれ!!

お店・事務所がわくわくでいっぱいになるアイデア集

営業トークはいらない!?
お客様に興味を持って
もらえるしかけ作り!!

06

アイデア＆工夫

器でおもてなし！ あたたかみを演出！ まずはお客様を笑顔に！

1杯のお茶で仕事を受注！特別なお茶をどうぞ！

お客様が喜ぶものを贈るといっても、うちはお歳暮やお中元を贈る予算も習慣もないし……。そんな方でも工夫したものをお出しする機会はあります。

例えばお客様がご来店したときに出す、コーヒーやお茶。このシーンをちょっと工夫してみてはいかがでしょうか？

まずは器やカップを変えてみるだけでも、印象の差別化は図れます。その効果を体験したのが、独立したときでした。お客様に出すカップは、家にあるものを適当に使おうと考えていました。

そんなとき、独立祝いとして親しくしていたお客様から陶器でできた3客のカップを頂いたのです。その3客のセットを見たときに、当事務所の雰囲気に合っている！ と感じました。

それが左ページで紹介している味わい深い陶器のカップです。

使い込むほど味わい深くなる
陶器のカップ。
ざらざらした取っ手の質感も
個性があり印象に残ります。
とくに女性客の方が
気に入ってくれます。

受け皿、布のコースター
カップの組み合わせを
変えるだけで
さまざまなバリエーション
ができます。

手づくりのカップで、独特のあたたかみがあり、さらに受け皿も木でできたもので手作りの布のコースターと組み合わせるとやさしい雰囲気になります。まさに、

お茶やコーヒーの魅力を引きたててくれる特別なカップです。

この3客のセットのすごいところは、カップ、受け皿、コースターと組み合わせを変えるだけで雰囲気を変えられることです。

また氷もこだわります。さまざまなカタチのアイストレーで氷を作ります。星やハート、丸など探すといろいろなものが売られています。あと氷を多めに入れると溶けたときにお茶が薄くなってしまいます。お茶の味を最後まで楽しんで頂くためにお茶でできた氷を入れることもあります。こんな小さな気遣いをわかって頂けたとき、お客様に感動を贈ることができます。

引き続き、カップのアイデアをご紹介します。居酒屋や喫茶店などに、自分のマイカップを置いてくれるサービスがあることを参考に、オリジナルマグカップをサプライズで出そうと実行しました。わざわざお忙しい中でも当社に足を運んでくれる独立前からのお客様を驚かせたい一心で考えました。

それが左ページ下の写真。たまたま仕事でお客様が書いた手書きの文字をスキャンして、似顔絵入りで作成しました。初めて出したとき、「なんでマグカップ?」と思われたようですが、よく見るとオリジナルマグカップだということに気付き、非常に驚かれていました。

お客様にもさまざまな方がいらっしゃって、全体の売上げの7～8割が常連さんという場合も少なくありません。だからこそ、差別化を図る意味で、他にはない演出でおもてなしをするのもおすすめです。

オリジナルカップの印刷はネットで調べると、さまざまなところが受け付けていますので、探してみるといいでしょう。

お茶で感動させなさい!
マンガ:田中徹(兄)

▲お客様の書いた手書きの文字を保存しておいて、カップに使用。「杉山様専用」と書いて特別なマグカップを製作。

07 アイデア&工夫

女性をもてなすハーブティー！とにかくリラックスを演出!!

お出しするお茶を変えるだけでも印象は違います。ポイントは「香り」です。飲んだときに余韻が残るお茶は、印象的です。

今まで試行錯誤しながらさまざまなお茶をお出ししてきました。そんな中、特に美味しいといって頂いたものが3つあります。

ほうじ茶、玄米茶、紅茶の3つです。

好みはわかれるかもしれませんが、共通しているのが印象に残る香りです。ほうじ茶は香ばしい香りと飲み口が新鮮に映ります。寒い中で飲む最初の一口は深い味わいが体にしみ込むような感覚があるそうです。

あと玄米茶も、独特の香りがします。色だけ見ると普通の緑茶と同じですが、一口飲んだときに美味しいと言って頂けます。通常の緑茶と比べカフェインが少ないようなので、小さなお子さんやお年寄りの方にもおすすめできます。

さらに紅茶もおすすめです。お茶やコーヒーを出すところが多い中、意外性のある紅茶を

出すことで印象に残るのかもしれません。紅茶の香りは心を落ち着かせる効果があるといいます。打ち合わせの前にリラックスして頂くことができます。

女性の方にはハーブティーもおすすめです。こちらは好みなどを聞いた上でお出ししていますが、ハーブの心地よい香りは、打ち合わせ前に気持ちのゆとりを演出し「お茶にも、こんなにこだわるんですね！」と感動されます。

当社ではティーバッグのものをお出ししていますが、気軽に淹れることができるのもおすすめの理由です。スーパーなどの紅茶のコーナーをご覧頂くとさまざまなものが売られていて、アイデアの多さに逆に驚かされます。

▼当社では基本的に出すお茶は決めていますが様々なシーンに合うようストックしています。

▼給湯室は中が見えないようにオリジナルの、のれんを設置。

デザインこころではなく、よく見るとデザインころころに……。

小さなお子さん連れのお客様がご来店したときのために専用の飲み物を準備しておくのもおすすめです。

弊社では保護者の方にうかがってから、ココアやジュースをお出ししています。お子さんへの対応は、キッズルームや専門のスタッフを完備している

大手の車のディーラーや不動産展示場の対応を見ると配慮の違いがわかります。

保護者の方がお子さんに気を取られ、大事な商談が流れないよう細心の気配りをしているのです。小さなお子さんの場合、飲み物をこぼす場合が考えられます。お客様に気を使いながらの打ち合わせにならないよう、容器が倒れても安心な、密封されストローがついている容器を使っています。

業種によっては妊婦のお客様がいらっしゃいます。ノンカフェインの麦茶はティーバッグ型のものもあり、約1分でお出しできるものもあり便利です。

また夏場などはあえてご希望を聞いて、麦茶の他にジュースなどをお出しするのもおすすめです。最近はノンカフェインのコーヒーやお茶も出ています。さまざまなお茶や飲み物をストックしておいたり、同じものばかりではなく、その日の天候やお客様にあわせてお出しするなどお茶のソムリエを目指して（笑）お出しするとおもしろいです。

お茶の出し方は、作法からマナーまで、いろいろと奥深い部分があります。寒い冬、あたたかいお茶を出すときにあらかじめお湯を入れカップをあたためるなどの心遣いは大切です。

ちなみに私は、

お越し頂きありがとうございます。
美味しいお茶になれ！　と

心で唱えながらお茶をいれています（ちょっと怪しいかもしれませんが）。

お客様の好みを憶えなさい!

マンガ：田中徹（兄）

08

アイデア&工夫

本を読んで展示!!会話のネタにもできる見るだけで楽しい本棚設置！

工夫する気持ちをお店や事務所の装飾に向けると、営業トークを意識しなくてもお客様を喜ばせるおもてなしができる場所になります。店頭にお客様の興味をひくものを置いたり、レイアウトを工夫することによって、わくわくした雰囲気になります。ご来店したお客様を、その装飾たちが代わりに接客してくれるのです。

なぜ装飾を工夫しようと思ったのか？　そもそも私は口べたで最初はお客様との会話が苦手でした。どうすれば自然と会話の糸口を掴むことができるか試行錯誤の毎日でした。そんなある日、偶然カウンターに置きっぱなしだった

話題の本をお客様が見て話が盛り上がったのです。

どんなことを受け答えしようか、話題を見つけようかと考えていたのが嘘のようでした。会話が盛り上がる方法、それはこちらから無理に話題を考えるのではなく、

お客様がつい声を掛けたくなるような「しかけ」を作ることでした。

私は本を読むことが好きなので、おすすめの本を展示することにしました。するとお客様がその本棚を見て「いろいろと勉強されているんですね」などと話しかけてくれるようになり、自然と会話が広がるようになったのです。独立後まだ実績や自信もなかったので、

「ノウハウを持っている感」を出す演出にもなりました（笑）。

本棚を設置する効果は会話の糸口になることだけではなく、

お客様の趣味趣向を知る切り口にもなります。

ビジネス書以外に話題の本などさまざまなジャンルを置いています。お客様がどんな本に興味を持つかで、その方の人となりを知ることができるのです。

さらにさまざまなジャンルの本を読んでいくうちに、本に書いてあるノウハウやいいことを日々の業務に取り入れてみようと実行しています。いいと思ったことを真似することはおすすめです。

月に1冊でもその中のノウハウを1つ真似すれば年間で12種類になり、5年続ければ60種類のノウハウを持つことができます。この積み重ねが他社との差別化につながります。

読むだけでなく本の内容を是非真似してみて下さい！

◀カウンターの後ろに設置している本棚。常に話題を取り入れ勉強している感を自然に演出できます。

作業スペースと接客スペースの間に設置すれば間仕切り代わりになります。

お客様が座ったときに
目線の先に本棚を設置。
待たせているときなどに、
本棚が場を
つないでくれます。

▶さまざまなカバーデザインのものがあるため並べて飾るだけでも色とりどりの本棚になって事務所を華やかにしてくれます。

また本の帯にはおもしろいコピーが書いてあることが多いのでそのままにして展示。
お客様が興味を持ってくれるきっかけになります。

あと本棚を設置する意外なメリットとしては、

代わりに接客をしてくれるということです。

弊社の例ですと、お客様と打ち合わせの際に資料を持ってきたり、会計の手続きでお待たせするシーンがあります。お客様が手持ちぶさたになるところですがカウンターの後ろに目がいくと本が並んでいます。どんな本があるかご覧頂くだけでもその場をつないでくれます。時には「この本、気になっていたので貸して頂けませんか？」など話題の提供にもつながります。

本は読んで、その後は本棚にしまったまま……、そんな方なら、周りの方に見てもらえる「見せる本棚」設置がおすすめです。

面白い本を発見しなさい!

マンガ:田中徹(兄)

09

アイデア&工夫

自社の商品は見やすい場所に展示！演出をして特別な存在になれ!!

打ち合わせ用の机の周りには何が飾ってありますか？

お客様が座って見える範囲に、自社の商品やサービスを展示するのがおすすめです。

お待たせしている間に、ふと視線が周りに向かいます。そんなときこそ自社をＰＲするチャンスです。こんなこともできますと、さまざまな事例を展示しておけば、追加注文につながるかもしれません。「こんなこともできるとは知らなかった」と言われたり、地元で有名な企業さんをお手伝いした事例を紹介し、自社の信用度を上げることもできます。また手作りのＰＯＰでコメントを掲載したりすると、口で説明しなくてもそのＰＯＰが接客をしてくれます。

具体的な形が決められないまま相談に来る方もいらっしゃいます。そんな中、さまざまな事例を見るとイメージが固まり、具体的な仕事の相談へとつながります。多くの事例に囲まれて接客すると、不思議と言葉に安心感と説得力が生まれてきます。言葉と視覚で実績を訴えることができるのです。

カウンター越しで接客しているとき、資料を持ってくるまでに待たせてしまう間があっても自然とそちらに目がいき、まさに無言の接客になります。

飲食店のメニュー同様、おすすめの商品や「こんなことをやってます」という自社の実績を貼っておけば追加注文につながります。

10
アイデア&工夫

機材の説明をつくって貼っておく！見てわかる環境にして注文をとる!!

弊社の正面入口から入ると、大きなポスターの出力機器が目に飛び込んできます。

ご来店されたお客様から「この機械は何？」と言われることが多く、こんなに質問されるなら言われる前に説明書きを貼っておこうということになりました。すると、それまでポスターを出力できることを知らなかったお客様から注文が入るようになりました。

ただ置くのではなく、説明書きを付けて「展示」するのです。

すると、それを見たお客様が新たな魅力を発見してくれ、追加注文につながります。「こんなの珍しくない商品や機械だよ」と思うようなものでも説明書きを付けて展示してみてください。お客様から見たら「そんなこともできるのか」「こんなサービスをしていたとは知らなかった」と言ってもらえる場合があります。

これは設備や機材のほかにも、飲食店のメニューや商品の説明にも同じことが言えます。「そんなことは他でもやっている」と感じてしまう「当たり前と思うこと」でもお客様に伝わっていないことが多々あります。だからあえて説明するのです。

◀A3ワイドサイズに対応のスキャナーに貼ってあるPOPです。A3スキャナーは珍しくありませんが家庭用のA4の大きさまでしかスキャンできないと思っていたお客様が見てイラストのスキャンの仕事を頼まれました。

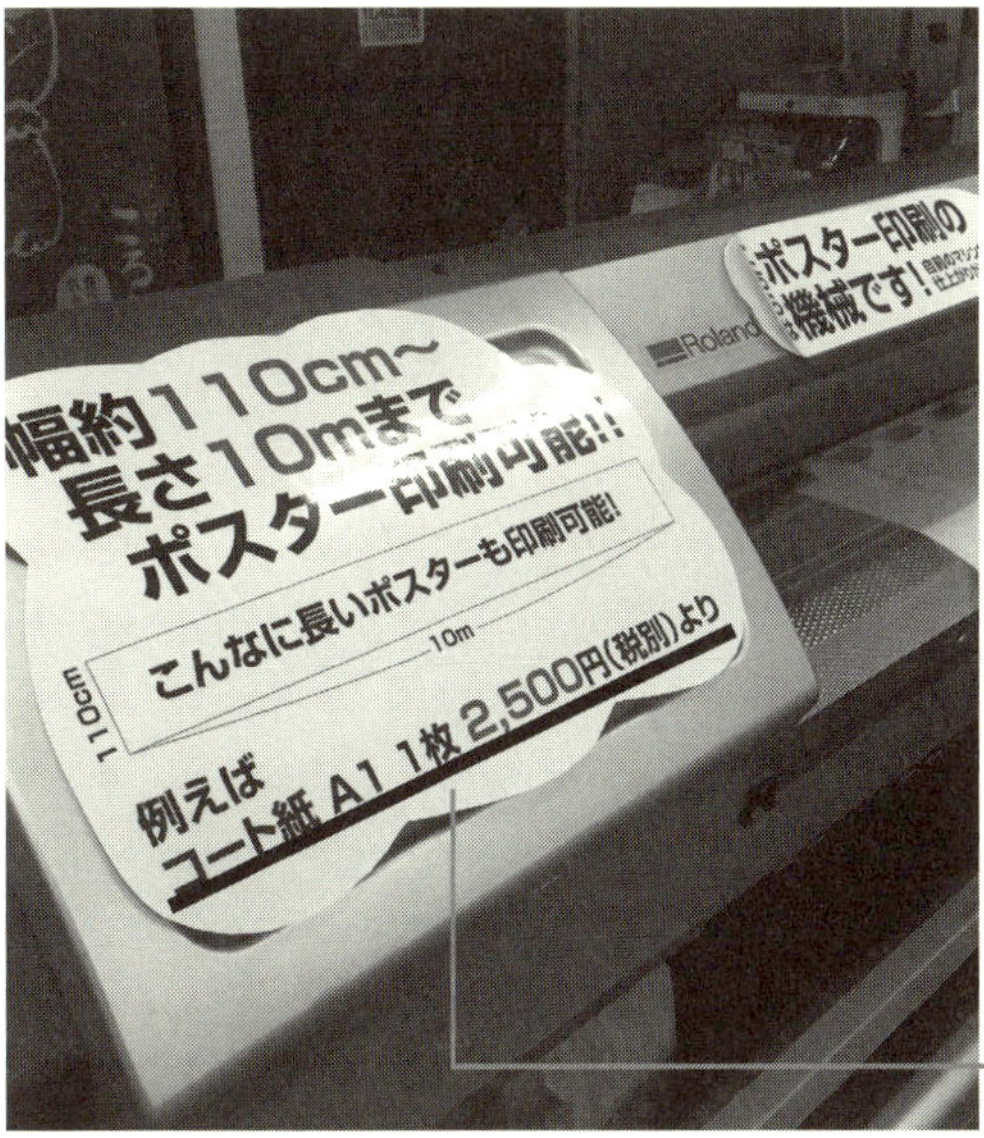

◀大判ポスターの機械に貼ってあるPOP。
今まで同じ位置に機械が置いてありましたが、このPOPを貼ってみると「新しく機械を買ったの？」とお客様から質問されるようになりました。何に使う機械か知ってもらわないと、置いてあっても存在が認識されないのです。

具体的な金額も掲載し、注文につなげるよう工夫しています。

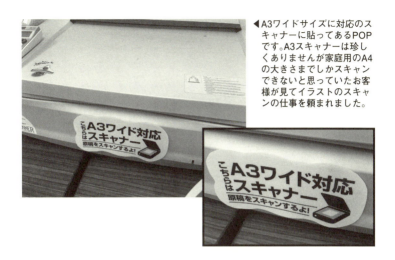

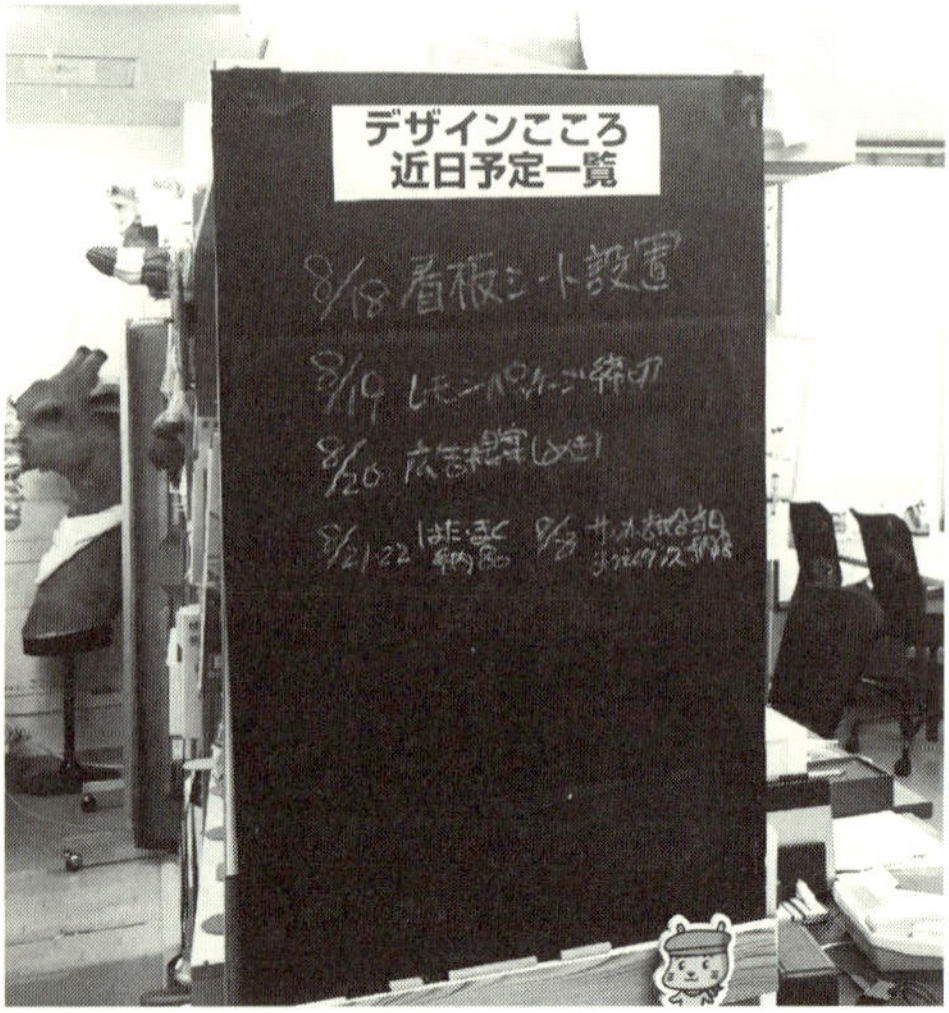

◀近日の予定一覧を簡単に書き込めるボード。あえて予定を貼ることで仕事の立て込み具合を見せています。いろいろなジャンルの仕事をしているのでPRにつながっています。

お客様にあえて「見せる」ことをうまくやっているなと思ったことがありました。それは住まいづくりの設計・施工会社を経営しているお客様の打ち合わせにうかがったときに、

エントランスホールに一日の予定表が貼ってあったのです。

びっしりと埋まったスケジュールを見て人気のある会社なんだなと思いました。

予定表のことを担当者に聞いてみると、実際に予定が詰まっているので、忘れないようご案内できるようにしているということもありますが、あえて見せることで、たくさんの方から仕事を頂いている演出をしているとのことでした。

たくさん書いてあるリストを見て安心感をあたえることができるそうです。

飲食店さんのメニューを紹介するＰＯＰ作りで、うちはそんなに特長がないし……と言われることがあります。

しかし、どんな素材を使って、どんな工程で料理をしているのかを聞くと、必ず違いや想いがあります。その付加価値を、あえて表に出すことで見方が変わります。デザインや写真の構図、全体の色合いなども大切ですが、それ以上に、

ほんの一行、特徴の説明を加えるだけで差別化を図ることができます。

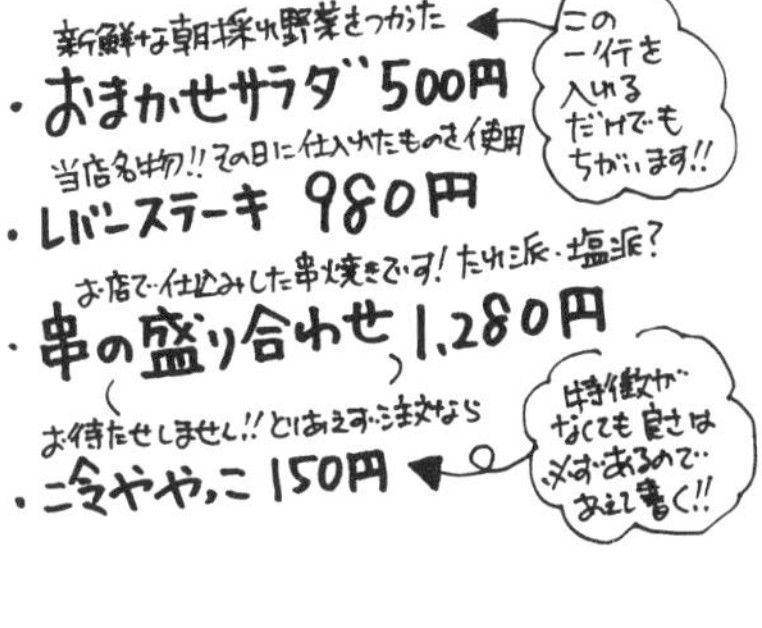

店内は説明書をつけなさい!
マンガ:田中徹(兄)

11 アイデア&工夫 窓がなかったら窓を作れ!? 貼る&飾るだけで室内大変身!?

お店をおもしろくリフォームしたいけど、予算も限られているし……、

そんなときはウォールステッカーで、簡単に好みの空間に変えることができます。

壁紙の一部が剥がれたり汚れたりして見た目も悪くなり、好みの壁紙にしたいけど賃貸の契約や予算の問題で無理だったりと悩んでいるならとくにおすすめです。キッズルーム(スペース)を設けるために利用したり、殺風景になりがちなトイレや店頭付近に利用するのもいいでしょう。

難しい工事は必要ありません。シールを貼るだけです!

さらにビルの一角の閉鎖的なお部屋や事務所なら、窓を作るのがおすすめです。窓といっても窓の形をしたポスターです。これだけでも気分は明るくなります。またこのポスターというアイデアを利用して、大きな写真やイラストを、立派な額にして飾る方法もあります。この額もポスターの絵柄の一部にして簡単に貼ることができます。「よく見たらポスターだった!」と見て2度楽しめる演出で好評です。

▲ウォールステッカーで検索すると、
様々な種類のものが販売されています。
ただの白い壁も見ているだけで楽しい
風景に変身します。

▼立派な額に入っているようなポスターを
デザインして展示。1枚のポスターだと
気付くと、お客様も騙された！　と
笑いながら反応してくれます。

▲窓が少ない一室や都会でも、
開放感のある空間を演出できます。
中の写真を季節ごとに変えて楽しんでいます。

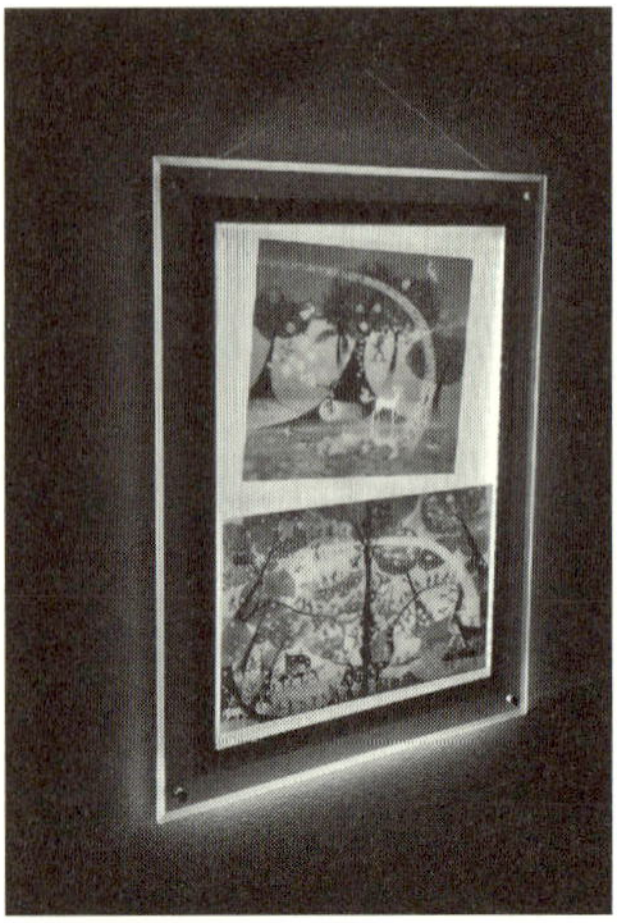

◀壁に間接照明のような演出を施すことで
幻想的な空間になります。
今まで劣化が気になっていた部分も、
薄暗いため汚れなどが目立たず、
逆にきれいなトイレですねと
言っていただけます。

オフィス用のパーティションの一部に、ドア風のポスターを貼っておもしろい敷居にするアイデアも、トリックアートのような感覚で好評です。また天井にもPOPを貼って、偶然見つけたお客様がなんだか嬉しくなるような工夫もしています。こんな工夫を随所にちりばめることで、お客様の待ち時間も「宝探しのような時間」になり「見ているだけで毎回発見があっておもしろい」と言って頂けます。

空間の演出や掃除で1番大切な場所はトイレです。どんなに忙しいときでも気付いたら掃除をするようにしています。ただ壁や床をどんなにきれいに掃除しても年々劣化していきます。そんなときのおすすめアイデアがLEDライトがついているパネルを飾ること。パネルの中にお気に入りの絵を飾るだけで、

落ち着いた雰囲気のちょっとわくわくする美術館に変身します。

このような工夫をすることで事務所全体がテーマパークのようでおもしろいとおっしゃって下さるお客様もいらっしゃいます。弊社にお越し頂いたお客様に、新しい発見とわくわくした気持ちを持って帰ってもらいたいという気持ちで常に工夫しています。

広告の相談をしにご来店されるお客様の中には、売上に悩んでいる方もいらっしゃいます。考え方がマイナスから企画したものは不思議とうまくいかないものです。

この、おもしろい、わくわくする、楽しいなど前向きな気持ちで考え直すことで、少しでも集客のある提案につながります。

豪華な額のポスターを貼りなさい!

マンガ:田中徹(兄)

第3章

あなたのお店の前を通る人を笑顔にして特別な存在になれ!!

お店の外に貼る＆置くPOPを変えるだけで人が集まるアイデア

12 アイデア&工夫

店頭の窓にアナログ一言ブログ!!テレビも取材にきたスポットへ!!

習字で書いた一言を店頭の窓に貼り出すというものです。

私たちが平日に行っている「アナログ一言ブログ」とは、思いついたことやテーマにそった言葉を書いて掲示するだけです。とくに商品やサービスには関係ありません。しかし、意外にも反響が多く、近所の方々やお客様の話題作りになっています。

きっかけは、ある日近所の方とお話をしたことです。住宅街でとくに何もないので、散歩していても退屈だなとおっしゃっていたのです。そこで毎日、おもしろいと思ってもらえる場所を作ろうと考えたのです。そのとき、たまたまスタッフが書道をやっていたことを思い出して、一言を習字で書いて貼り出そうということになったのです。最初は思いついた言葉を書いて貼り出しました。しばらくして、近所の方と会ったときに、いつも何が貼り出されているか楽しみになったとおっしゃっていただきました。

これだけですと近所の人を喜ばせた話で終わってしまうのですが、効果はそれだけではあ

▲上の写真が私たちの事務所。マンション1階に事務所をかまえています。交差点にあるので、信号待ちをするとき事務所の窓に貼ってある一筆をご覧になる方が多いです。お客様もこの通りで止まるとご覧になり会話が盛り上がります。

りませんでした。

私たちの事務所は交差点の角にあるのですが昼食を食べているときに、窓越しに外の景色を見ていると、ほとんどの人がこちらを見ているのです。通行人も事務所の前を通るときにふと顔を見上げているのです。知らないうちに、近所の方だけでなく、通行人や信号待ちの人たちが一言ブログを見てくれるようになったのです。そのうちに一言ブログの名前を「本日の一筆」に変えました。

紙に書いて貼り出しただけで皆が注目するスポットに変身！

お店が目立たない、もっと知ってほしいとお考えの方はお金がほとんどかからないのでおすすめです。大切なのはとにかく続けることです。

▲本日の一筆　さまざまなひと言を掲示

※左上の一筆の答え　9本(くぎ)

ある日、ケーブルテレビの番組制作の方から「近くを散策するコーナーで一筆を撮影させて頂けませんか？」と連絡がありました。また近所の方とお話しをするときも、「あのおもしろい一筆のところの方ですか？」と好意的に受け止めてくれ、話が盛り上がります。この取組みは自分たちが考えている以上に、活動の幅を広げてくれる切り札になり驚いています。

最近ではテーマを決め、1週間はその内容にそった一筆を書いています。なぞなぞを書くとお客様や通行人の方が答えを聞きにきたりとコミュニケーションを広げるきっかけにもなっています。

気になるなぞなぞ出しなさい!

マンガ：田中徹（兄）

こんなお客様もいらっしゃいます。

13
！
アイデア&工夫

イメージキャラクターを作って情報を発信！ ファンができる!!

本日の一筆を窓に貼り出してから「だれが書いているのですか?」と聞かれることが多くなりました。
最初は「スタッフが書いています」と普通に答えていたのですが、せっかくなら、もっと楽しめないかと思い、オリジナルキャラクターを作り、そのキャラが書いていることにしました。これなら堂々とアピールでき、一筆への愛着もわくと考えたのです。看板娘にしようという発想からイラストレーターの大笆《おーたけ》知子《ともこ》さんにかわいい女の子のキャラクターを描いてもらい完成したのが、

書道娘・櫻舟《さくらふね》優空《ゆら》でした。

キャラクターが一筆を書いているという設定にしたところ、さらに評判が良くなり、お客様からも感想を頂くようになりました。最初に依頼したイラストを使い回していると飽きられてしまうので、さまざまなポーズや季節に合わせたイメージのイラストを定期的に頼み、新鮮な気持ちで見て頂けるよう工夫しています。

「書道娘」のブログもあります
http://ameblo.jp/syodoumusume/
毎日一筆を紹介、他にも地元東浦和のお店やイベントを紹介しています。

オリジナルの萌えキャラ
「書道娘」(櫻舟優空)
地元の皆様に少しずつ愛着がわく
キャラクターを目指して活動しています。

▲オリジナルステッカー

▲東浦和を紹介するガイドブック

▲顔出し看板

▲ストラップ

制作するオリジナルのグッズには、必ず東浦和というキーワードや地元の通船堀という名所の名前を入れます。これは地元のことを周りの方に知ってほしいからです。キャラクターを通して東浦和に興味を持ってもらえれば地元の活性化につながります。

会社の商品やサービスをキャラクター化しさらに地元のことを紹介し盛り上げるキャラクターへと成長させると「ファン」ができます。

イメージキャラを作りなさい!
マンガ:田中徹(兄)

書道娘のイラストは
イラストレーターの大笆 知子さんに描いて頂いています。
いろいろなポーズや
いろいろなシーンのイラストを描いてもらっています。
次のイラストは…
どんなものをお願いしようかな…
日頃作る側なのでお願いする側になるとわくわくします。

14

アイデア&工夫

あなたの店は知られていない!? のぼり&立て看板の効果!!

※最初の方に立てたのぼりはこんな感じでした…。

突然ですが結論を言います。

お店をPRする方法、1番おすすめは「のぼり旗」です。

(1階に面しているお店やロードサイドのお店に限りますが)

自分たちのことをもっと知ってもらおうと考え、最初に取り組んだPR方法が「のぼり旗の設置」でした。当たり前の話ですが、「のぼり旗」は設置していればずっと宣伝してくれます。毎日その前を通っている方が見れば、刷り込み効果もあります。

「名刺やチラシの印刷を受付中」という「のぼり旗」を出した後、すぐに新規のお客様がご来店くださいました。「今まで気になっていたのですが、のぼりを見たら名刺をやっていることがわかったので依頼しにきました」とか、「のぼりを見て初めて事務所のことを知ってきました」など、「のぼり旗」が集客をしてくれたのです。

いつも前を通っていて気になっていたと皆さんおっしゃっていました。お店の前を通っている方を改めて集客する意味でものぼり旗設置をおすすめします!

さらに、既製品の「のぼり旗」もいいですが、オリジナルの「のぼり旗」はもっとおすすめです。広告制作をしている会社さんや、旗や横断幕を出力している会社さんにお願いするなど、ハードルは高いのですが、個性を発揮する「のぼり旗」は差別化を図ることができます。まずは当社が制作したオリジナルのぼりをご紹介します。

▲見るだけでも楽しいとご好評いただいているオリジナルのぼり
サイズは横60cm×縦180cm

オリジナルの「のぼり旗」はどくに飲食店の集客に効果を発揮します。そのときに押さえたいポイントが3つあります。

- **おすすめの料理の写真を入れる（特徴も入れる）**
- **お店の人の似顔絵（写真）を入れる** ※似顔絵の効果は（96ページでも紹介）
- **一番下に店名を入れる**

どんな人がどんな料理を作っているのかを訴えるのです。そして店名を入れるのは、「このぼりはオリジナル」ということを改めて印象づけるためです。するとここでしか食べられないかなと思わせ、来店につなげることができます。

何年もお店をやっていたのに「最近できたの？」と言われたというお店がありました。新規のお客様が多くご来店したということはつまり今まで認知されていなかった、知られていなかったのです。のぼりは新しいお客様の集客効果が期待できます。

ご相談に来るお客様で「最近お客様が減って……」というケースがあります。お話を聞いてお店に行くと答えがありました。店名の看板以外、PRするものがなかったのです。これではお店の存在が目立ちません。のぼりを検討しましたが予算も限られていることもあり、おすすめしたのが、

「A型看板（立て看板）」でした。

看板におすすめのメニューやサービスを書くようにしたのです。するとその看板を見てご来店したというお客様が現れたのです。相談にきた方は、お客様に気付いてもらう工夫をする大切さを知って、立て看板の付近にプランターやオブジェを設置したり商品やサービスの写真を看板に貼ったりとさまざまな工夫をするようになりました。

のぼり・立て看板を設置して積極的にPRしましょう！

15 アイデア&工夫
看板代わりになる大きなＰＯＰ０円でできる!? その理由とは!!

小売りの販売店の方や引き続き、飲食店の方におすすめの看板代わりになる店頭ＰＯＰがあります。しかも大きさはでかい、インパクトがある、しかも原価はただ同然、それは、

ダンボールを使用した「０円ＰＯＰ」です。

八百屋さんやお魚屋さん、スーパーに行くと、たまにマジックや筆で書いた手書きＰＯＰが飾られています。

私がおすすめするのはさらに大きなＰＯＰを店頭に設置するということです。大きくするとＰＯＰは目立ちますが文字を書くのが大変になります。弊社では最初習字の太い筆を使ってみましたが、それでも大きなダンボールではインパクトのある文字が書けません。そこで考えたのが、

万能ハケを使ったＰＯＰ作りです。

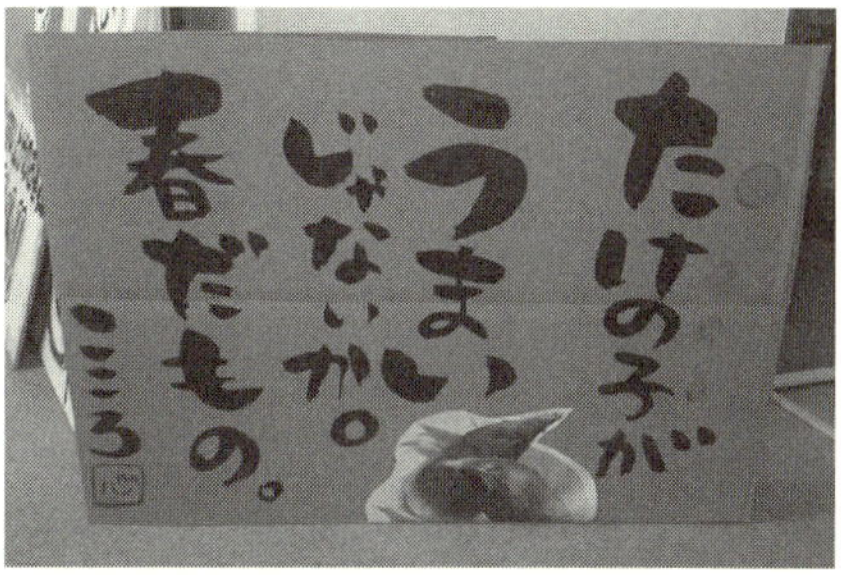

絵心がないし……という方も
例えば商品の写真を印刷して
切り抜いて貼るだけでも
こんなにインパクトのあるPOPに!!

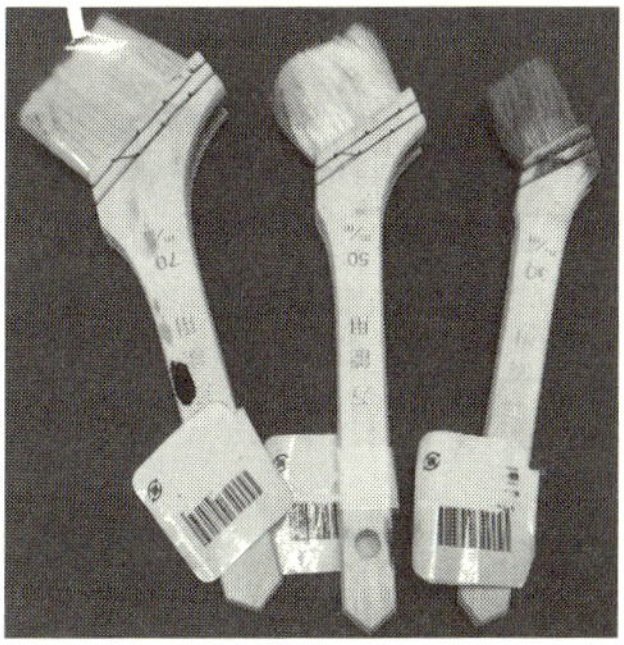

万能ハケを使えば太い文字も
簡単に書けます。
インパクトあるPOPができます。
失敗しても大丈夫、
紙代はほとんどタダですから(笑)。

墨汁と赤い墨があれば
基本的なPOPは
できます。もっと色とり
どりのPOPにしたい場合は
水彩絵の具を
使うのもおすすめです。

万能ハケは、量販店に行けば100円程度で購入できます。また墨も特別なものではなく、習字用の黒と朱色（赤色）があれば大丈夫です。季節によって色を添えたい方は水彩絵の具を使うといいでしょう。この手書きPOPのことを皆さんにおすすめするとよくある返事が、

私はそんなに字がうまくないから……

というものです。読んでいるあなたも、それは制作会社の方だから上手にできるんでしょう、と思っているかもしれません。しかしこの万能ハケを使った手書きPOPは、

字に特徴がある人ほど味わい深い、おもしろいPOPになります。

当社は制作だけでなく手書きPOPの教室も開催をしています。

ある時、20人ぐらいのスタッフがいるお店のスタッフ全員にPOP作りを教える機会がありました。最初は皆さん、字がヘタだから……、絵心がないから……、と消極的でしたが、実際書いてみるとだれもが自分なりのコツを掴み、約1時間半の教室でしたが最後の方では皆さん楽しみながら自分の売りたい商品のPOPを書いていました。

教室の後しばらく日数がたって、そのお店に行ってみると手書きのPOPが飾ってあり、売り場に活気が出ていました。

手書きのコツをあえて1つ上げるなら、

ポジティブな文言を使うことです。

おいしい、楽しい、喜ぶ、嬉しい、ありがとうなど、気持ちが前向きになる言葉を書くのです。そんな言葉がいっぱい店内に飾られていると、その言葉を見たお客様は自然と笑顔になります。そんな雰囲気がわくわくした店内へと変身させ、こまめに変えていくと活気のあるお店になっていきます。

手書きPOPを書きなさい!
マンガ：田中徹（兄）

こんな一言を
飾るだけでも
接客をしてくれる
POPに変身!!

16

アイデア&工夫

ポストに感謝のひと言を！　荷物を運んでくれる人にも特別な存在になれ!!

お酒を卸している酒屋さんとお仕事をする機会があり、商売繁盛している飲食店を見分ける方法を教えて頂きました。それは、

裏口がきれいにしてあるお店は商売繁盛をしているということです。

お客様が見る場所をきれいにするのは当たり前です。業者が出入りする裏口もきちんと整理整頓、きれいにしているかが大切だそうです。隅々まで気配りができているお店＝商売繁盛（お客様に支持されているお店）ということです。

裏口の話ですが、以前読ませて頂いた寺田元さんの『「売らない」から売れる！』（日本実業出版社）という本にヒントがあり、実行したら、配送業者の方やお客様にも好評で仕事も受注できてしまった「しかけ」がありました。それは入り口の前に机を1つ置くだけです。

寺田さんはだれもが反対したタオルのネット販売で年商1億円を達成した方で、さまざまなユニークなアイデアを実践している方です。

「机を置く」とはなにかというと、次のようなことです。配達業者さんが出入りする弊社の

裏口のドアは引き戸でした。ドアを開けるために荷物で手が塞がっているといったん下に荷物を降ろさなければいけません。そんな負担をかけないためにドアの横に机を置くのです。その机の上には「いつも配達ありがとうございます。この机をご自由にお使い下さい」と書いたのです。

便利で助かるとご好評頂き、またそれを偶然見たお客様に「配達の方にまで気を配れるのだから仕事をまかせても安心」とおっしゃって頂きました。さらにある日、飛び込みで新規のお客様がいらっしゃったのですが、「紹介で来ました」というのです。だれからの紹介か聞いてみると配達のドライバーさんに聞いたら弊社を教えてくれたとのことでした。

まさに机を置いただけで仕事を受注したわけです。

しばらくすると、ドライバーさんからトイレを貸してほしいと頼まれることがありました。そこで「トイレを貸します」という貼り紙も貼りました。そんな協力的な姿を見てくれたからなのか、逆にいろいろと親切に対応頂いたりしています。

トイレを貸すということで印象深いエピソードがあります。東日本大震災のときのお話しです。弊社の少し先にガソリンスタンドがあり、その前に数キロの渋滞ができていました。ガソリンを入れるために2、3時間待つという状態が続いていました。

▼裏口の横に台を設置。荷物を一旦置いてドアを開けることができます。
そんな気配りがドライバーさんへも伝わります。

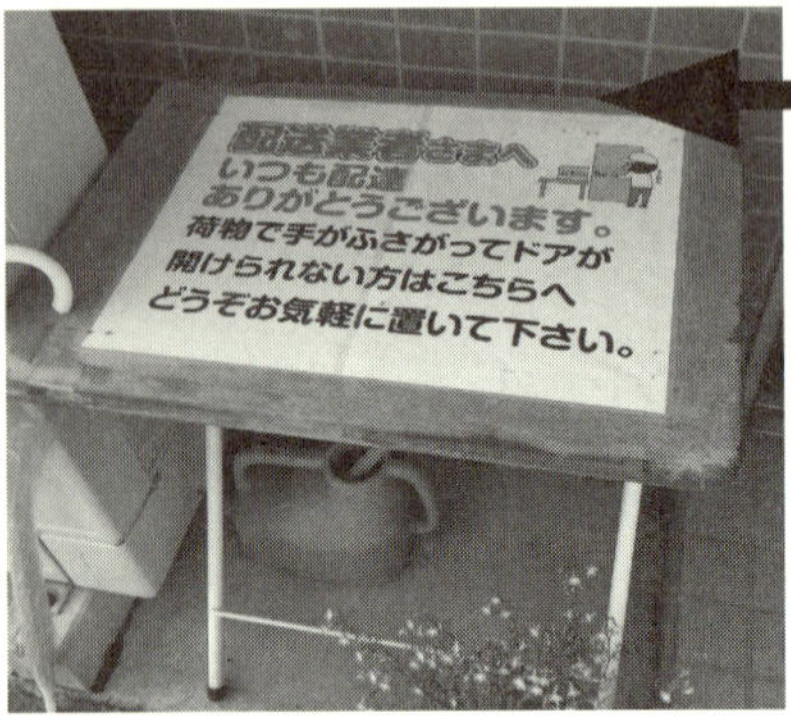

それを窓越しに見ていて、目の前の方たちにできることはないかと考え、事務所の前に、

トイレを貸します。
ご自由にお使い下さい。

と貼り紙を出したのです。水は止まっていなかったので、一般の人にも開放しました。すると早速トイレを借りにいらっしゃいました。

当時、スーパーには何も商品がない状態が続いていました。そんな中でも、トイレを貸してくれたお礼にと、パンや食料など、貴重な食べ物をプレゼントしてくれる方もおり、大変感謝されました。

ここでも先にあげると何倍にもなって返ってくる世の中の不思議なしくみを体験したのです。

震災の混乱も過ぎた後、「トイレを貸します」という貼り紙を見たお客様から「さすがこころさん！」というねぎらいの言葉を頂きました。ＰＲするつもりはもちろんなかったのですが、周りのお客様は見ているものだなと思いました。

またその後も、トイレ貸し出しの貼り紙を見て新規でお客様が来店されました。あの貼り紙を見て、「他でもできる仕事だけど、せっかくならこころさんに頼むよ」と言って頂き、大変嬉しく思ったこともありました。非常時などに、できる範囲で協力できることを考え取り組むことが大切です。

17

アイデア&工夫

窓からキリンがこんにちは！ ここは動物園か!? 新名所を作れ!!

お客様がいらっしゃるときに、インパクトを与える演出はできないかと考えていました。「おもしろい」や「アイデア」がある事務所だと思ってもらいたかったのです。

そんなときに近所に立体看板を作るお客様（有限会社くれよん様）があり、「立体の造形物」を頼むことにしました。スタッフの大山から、春・秋は事務所の小窓がいつも開いているのでキリンが飛び出している感じにしてみては？　と案が出ました。そこで、

窓から「こんにちは」しているキリンを展示することにしたのです。

するとわざわざ写真撮影をしにきたり、友達や家族を連れてくる方がいるなど、

地元の新名所にもなる、おもしろいスポットになりました。

最近はずっと展示するのではなくランダムに展示し、キリンがいる風景が当たり前にならないようにしています。とにかくインパクトがあり、口コミにもつながります。お客様も驚き、営業トークをしなくても笑って会話を進めることができています。

当社の裏口の小窓をよく見ると……

キリンが、
「こんにちは」しています。

釣り糸でひっかけて展示。
住宅街に突如現れたキリンが窓から
飛び出しているような演出に。
発見した方がわざわざ車を降りて
見にくるくらい、インパクトがあります。
お客様が笑顔で来店してくださるので
接客にも役に立っています。

有限会社 くれよん 〒333-0823　埼玉県川口市石神 473-2
http://www.crayon-art.com
TV舞台のセットなど大規模な立体看板・造形看板を制作。

最近では姉妹店として
ネット販売をしています。
気になる方は
「スパイス」で検索
http://spice-art.jp/

作品例はほんの一部です。
オーダーメイドも可能なので
興味をもった方は
ホームページをご覧下さい。

弊社では他に、リアルな造形の動物の置物やぬいぐるみを店頭に置いたり、お客様が座るイスの横には猫の置き物を置いたりして驚かせています。

お客様は「本物ですか?」とびっくりするのですが、おもしろがって興味を持ってくれるのでそこから会話が広がり助かっています。

鉄板ネタを作りなさい!

マンガ:田中徹(兄)

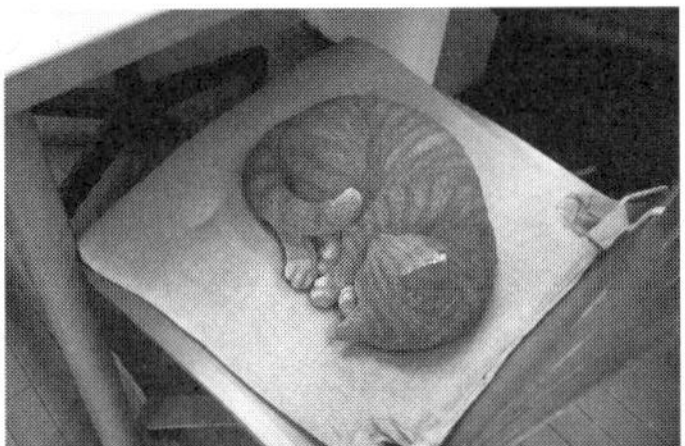

イスの上にいる猫の置物

18

アイデア＆工夫

四季のイベントを取り入れろ！流行にも敏感になれ！

店頭の演出で注目を集めたいなら、四季のイベントを取り入れるのがおすすめです。行事・旬なネタを装飾に取り入れるとお店に活気がでます。弊社で恒例になっている演出が、

●バレンタインデー　●ホワイトデー　●七夕　●夏祭り

●地元のマラソン大会の応援

などです。

人が集まるところにはお客様も集まるようになります。このサイクルを活かせば結果的に集客にもつながります。ポイントは学生や年配の方などが気軽に参加したくなるような装飾にすることです。

弊社は、一見するとなんの商売をしているのかわかりにくいのですが、新規のご来店の方は、前から気になっていた、いつもおもしろいことをやっているお店だなと思っていた、などと印象がいい状態で来てくださるので、仕事のお話がスムーズにできます。

店頭の装飾にイベントを取り入れる際のポイントは、とにかく続けることです。恒例と言われるぐらい続けます。

最初は反響がないかもしれません。しかし2・3年と続けると、近所の方も「毎年楽しみにしているよ」と声をかけてくれるようになります。お子さんやお孫さん連れのご家族を対応していたらお客様のご家族だったり、社長さんや会長さんだったということもあります。お子さんが喜ぶ姿を見て、この会社はおもしろくていいね、と共感を持ってもらえます。

▲バレンタインには「モテないスタッフたちにチョコを下さい」というポスターを店頭に貼って呼びかけしました。お世話になっているお客様や新規のお客様がおもしろがって来店してくれました。また翌年には、ブログを楽しみにしてくれている一般の方もお菓子を投函してくれるなど、少しずつ近所の名物になっています。

ホワイトデーには薔薇を約100本店頭におき、スタッフからのプレゼントとして設置しました。
女性の方はもちろん、中には奥様にプレゼントしたいという方もいらっしゃって、半日で薔薇がなくなりました。最初はポスターを貼るのに勇気がいりましたが、こちらも毎年恒例になっています。

▲七夕の短冊を店頭に設置し、願い事を自由に書いて飾ります。
学生やお子さん連れの方などさまざまな人が参加してくれる恒例のイベントです。

笹は近所の方にお願いしてもらったり、お客様からもらったりとイベントをみんなで楽しむようになりました。

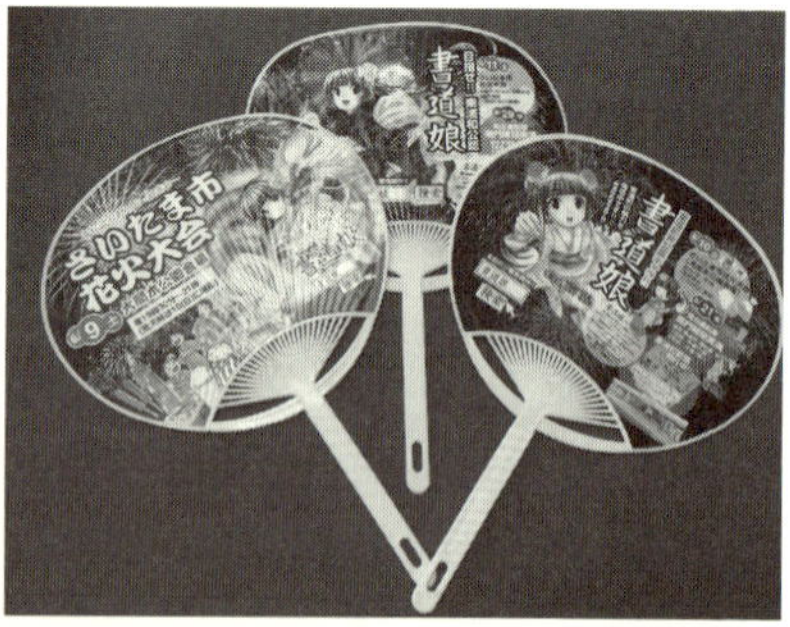

▲花火大会の３日前には駅前でオリジナルのうちわ配布。うちわには花火大会や地元のお店の情報を掲載。
ブログのキャラは掲載しますが自分たちの会社の宣伝は一切しないことが、逆に好感を持って頂いています。

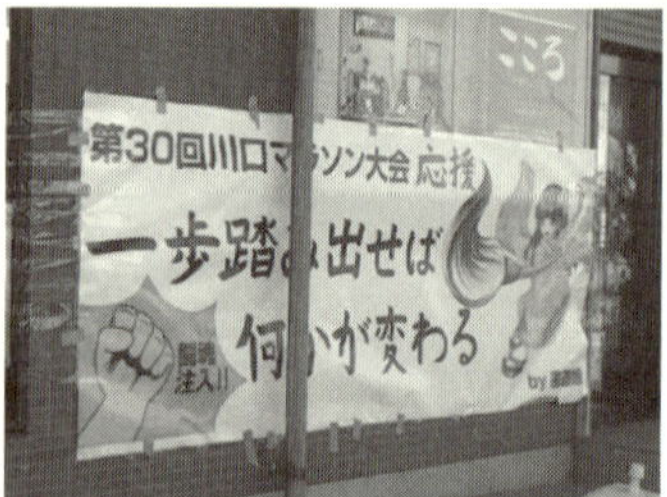

▲地元のマラソン大会は、事務所の前がちょうどコースのため壁前面に応援ポスターを設置。大会を一緒に楽しむ雰囲気を演出しています。

産地直売所のイベントのお手伝いで、反響があったものは、恵方巻き、お彼岸のぼたもち、おひな様の押し寿司販売でした。その中で1番売れるイベントがお彼岸のぼたもちだそうです。なぜ売れるのか聞いたところ、寒い冬が終わり、暖かい春になるタイミングがこのお彼岸だそうで、外出をする方が増えるため、とくに力を入れるのだそうです。イベントや行事を取り入れるときは、集客のタイミングを逃さないようにすることが大切です。

わくわくしながら企画する気持ちが周りの人を巻き込み、楽しみにしてもらうことにつながり、それが会社の色になります。

イベントを企画しなさい!

原作:大山祥子　マンガ:田中徹(兄)

第4章

名刺や営業に行く時のアイテムで特別な存在になれ!!

年の差なんて怖くない 初対面のアイデア集

いざっ 打ち合わせに!!
とっておきの時間
さっ
予定がいっぱいの手帳
とっておきのカバン
とっておきの名刺

19

アイデア&工夫

あたたかみのある似顔絵入り名刺あなたの代わりに営業してくれる!?

名刺や販促ツールを自由に変更できる場合、似顔絵を入れることをおすすめします。商品やサービスを売り込むのは基本ですが、まずは自分を売り込むことが大切です。写真は恥ずかしいという方でも、似顔絵ならハードルは低いです。

似顔絵を入れると、ご来店したお客様に「似顔絵の人ですか?」と覚えてもらうことができ、一歩踏み込んだ会話ができます。弊社のお客様で月に1回折り込みチラシを入れている方がいますが、毎号似顔絵を必ず載せています。それを見た方は会社名より社員の顔で認識しているほど、似顔絵の認知度は高いそうです。

これは営業職に限らず、個人の飲食店にもおすすめしています。メニューやPOPなどに似顔絵を入れるとオリジナル性が増し、さらに見たお客様が「似ているね」などと声をかけてくれるので、そこから会話が弾みます。

大手のチェーンには真似できない個性を演出しましょう!
似顔絵を何度も見ていると親近感がわく効果があります。

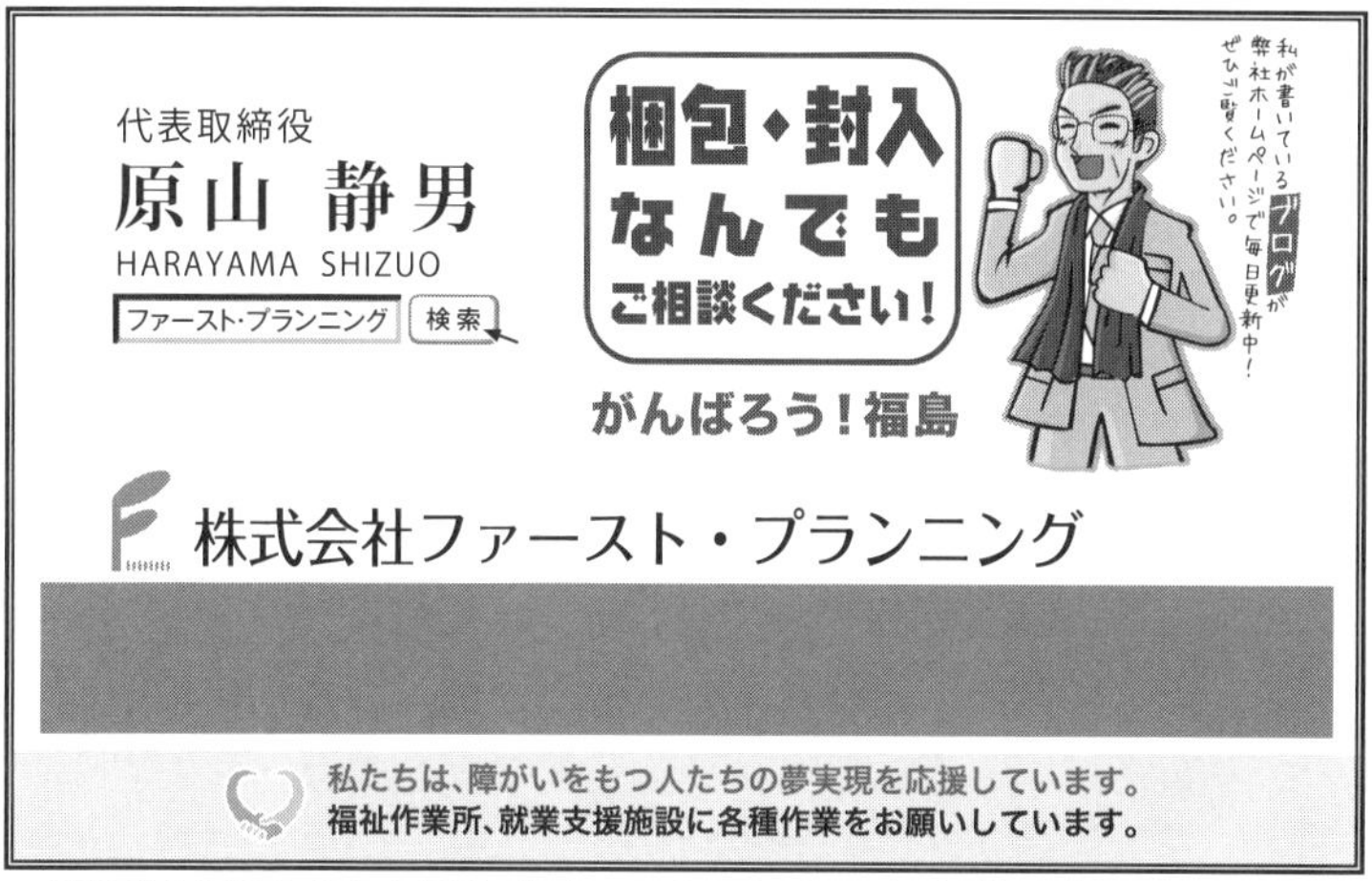
代表取締役
原山 静男
HARAYAMA SHIZUO
ファースト･プランニング
検索
梱包・封入
なんでも
ご相談ください！
がんばろう！福島
私が書いているブログが
弊社ホームページで毎日更新中！
ぜひご覧ください。
株式会社ファースト・プランニング
私たちは、障がいをもつ人たちの夢実現を応援しています。
福祉作業所、就業支援施設に各種作業をお願いしています。

▲似顔絵を掲載した名刺見本。気合いの入ったポーズで個性を感じられ、印象に残ります。名刺入れに整理した後も目につきやすいです。

皆様のご利用心より
お待ちしております。

似顔絵＆
キャラクター

住まいのことで
お悩みがありましたら
いつでもお気軽に
ご相談ください。

◀似顔絵に吹き出しをつけて言葉を入れると喋っているかのような演出ができ文章を読んでくれます。

似顔絵は個性が出るようなあたたかみのあるタッチのものがおすすめです。

相談やお問い合わせがしやすくなる効果があります。

◀お店に置いたうちわ兼メニューPOPの作成例。こちらもイチオシという文字と一緒にお店の方の似顔絵があり、説得力を演出できます。

▲メニューやPOPに似顔絵を入れてお店のオリジナル性を演出。お店の個性と店主への親近感がわいて会話が弾みます。

これからますます「個性」が強みに変わっていくと考えています。ここにしかない、ここでしか出会えないオリジナル性を、似顔絵をきっかけに発信できます。

個を大切にするというお話で、男性営業マンから言われたことがありました。お客様の名前を呼ぶようにしているとのことです（男性のお客様の場合に限るそうです）。名前を呼ぶと親近感がわき、対応が違ってくるといいます。

一般的には名字で田中さん、佐藤さん、鈴木さんと呼びますが、親しい人以外は名前で呼ばれることはありません。そのため、あえて明《あきら》さんと名前で呼ぶそうです。最初は勇気がいりますが、相手によっては名前で呼んでみるのもいいかもしれません。

似顔絵をのせなさい!

マンガ:田中徹(兄)

20

アイデア&工夫

透明でスケスケ!? 材質にこだわるだけで特別な名刺に!!

引き続き名刺についてのアイデアをご紹介します。

名刺は奥が深く、色や文字の種類、写真を載せたりなど見せ方はさまざまです。さらに型抜きといって金型を作って切り取れば長方形だけでなく自由な形にすることもできます。そんなアイデアや表現方法がある中で、**名刺の台紙の素材を変えるだけ**でインパクトを出す方法があります。

専門の工場で印刷してもらう必要がありますが、評判が良かった物をご紹介すると、次のようなものがあります。

- **透明なプラスチック名刺**
- **間伐材でできた木の名刺**
- **職人が作った手すき和紙の名刺**
- **本物の金を使った金箔名刺**

▼もちろん透明なので台の上などに載せると文字が見づらいです(笑)。特に若い人に人気です。

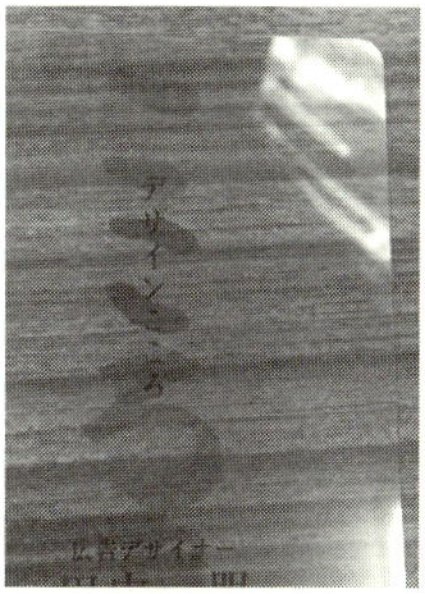

◀透明なプラスチックの名刺片面に印刷。いろいろな台紙を使って印刷をしてきましたが透明な名刺が1番反響がよかったです。「なんで透明な名刺なんですか？」と聞かれたら、「何もないところから生むというデザインの仕事をイメージして透明の名刺を使っています、またプライベートではこの名刺のように私の心は濁りがなくきれいです(笑)」と答えるようにしています。

「透明名刺」で検索すると扱っている会社さんがたくさんヒットします。

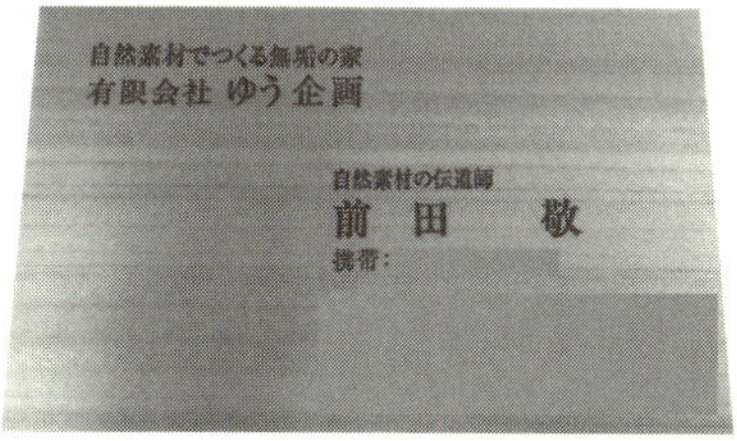

▲木の間伐材を使った名刺。上記の印刷例はヒノキを使った名刺です。
この他にもスギ材やカバ材など木目や色合いが違う台紙があります。木の温もりを感じられ、やさしい印象が受け手に伝わります。

普通の紙ではないので活版印刷という昔の手法で印刷をします。簡単に説明するとハンコを作って印字するイメージです。

そのため色は単色しか表現できませんが、木の風合いが強調され、お洒落な名刺になります。

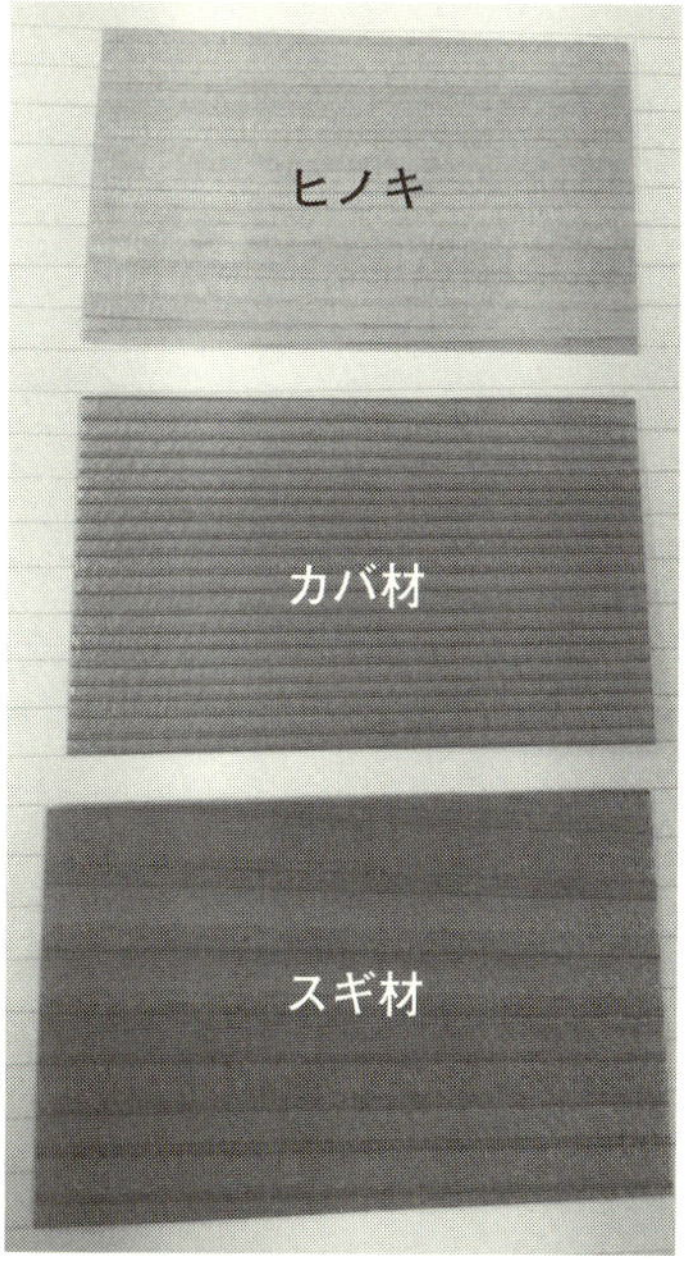

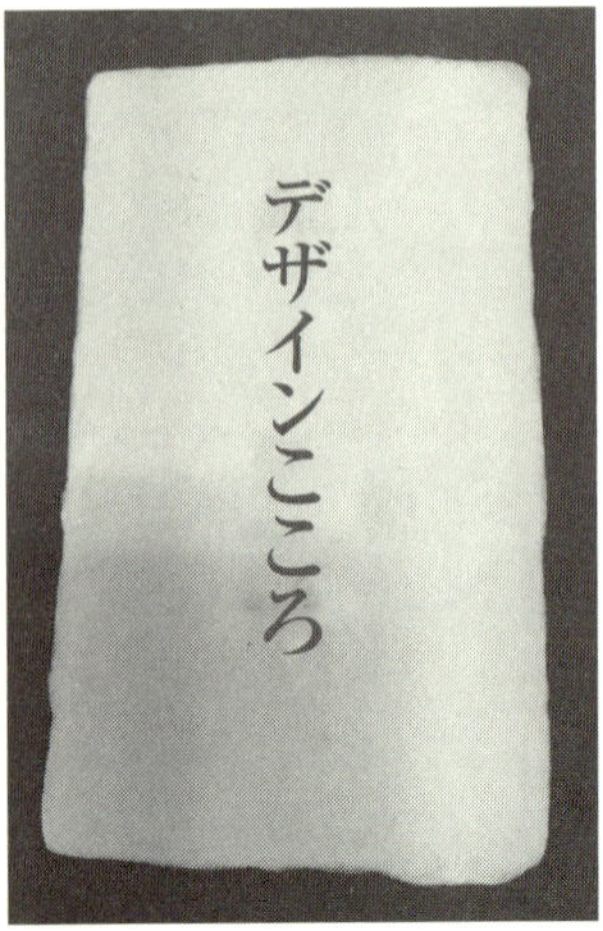

◀伝統工芸師が1枚１枚手すきで手がけた和紙。手すきのため周りが不揃いな形をしているのが特徴です。厚みのある和紙のため、手に取ったときに手触りに特徴があり手作り感とこだわりが伝わる名刺です。
こちらも先に紹介した活版印刷のため単色の印刷になりますが、版を強めに押した凹凸感がおもしろいと若い人に人気です。

▲40年以上、活版印刷をしている、近所に住む川原さんに聞いたところ、木の名刺や和紙の名刺を渡すと不思議と相手の方がやさしい表情になるとか。素材を変えるだけで印象が変わり、差別化を図れることを教えて頂きました。

この他にも、紙の厚さを変えたり、ＰＰ加工（表面がつるつるした加工）や、色が付いた紙に印刷したりと工夫はさまざまです。

自分や会社のイメージに合った素材の台紙を探すのもいいでしょう。もらってすぐ捨てられてしまう名刺から、他社にはないちょっと変わった素材の名刺だからと取っておいてもらえるかもしれません。逆に、家庭用のプリンターで簡易に出せる名刺を使っているとその薄い紙の印象だけでイメージが損なわれている場合があります。

たかが名刺、されど名刺です。

透明の名刺を使いなさい!
マンガ:田中徹(兄)

21

アイデア&工夫

高い鞄を持っていくだけでできる営業マンに変身！

見た目が9割と言われるくらい最初の印象で仕事の展開は大きく変わります。身だしなみはきちんとしなければいけません。

とくに気合いを入れてほしいのが、靴と鞄です。

靴はビジネスでは当たり前ですが、特別に高い靴というのではなく、きちんと手入れがされているものを履くことがおすすめです。汚れている靴を履いていると仕事も適当なのかなと思われてしまいます。身だしなみに気を配ることで、ただの業者という立場からできる営業マンという見方をされるようになり、その後の仕事がスムーズに進みます。

話は戻り、鞄のお話です。4つ角がしっかりしている鞄がおすすめです。高い鞄とタイトルでは書きましたが正確には、

高そうな鞄を持っていくのがおすすめです。

置いたときにしっかりと立つ鞄がいいのです。凛とした雰囲気を演出でき、「高そうな鞄ですね」と言われることがあります。

▲社員章がわりのオリジナルバッジ。
１個から作成できます。
「オリジナルピンバッジ」で検索するとヒットします。

▶愛用している鞄。
厚みがあり、置いたときにしっかりと立ちます。
色が茶色で高級感のある雰囲気も出ています。

高い鞄を自慢するわけではなく、

お客様や打ち合わせで使った大切な書類を仕舞うためにこの鞄を使っています。

と理由を伝えるとスマートです。「この厚みのある鞄にはたくさんの重要な書類が入っているのか」など重要な仕事を任されている人なんだなと自分を演出することができるのです。

また、身につけているもので意外に好評なのが、

ピンバッジの社員章です。

丸い形の中に会社のロゴを印字した簡易なバッジです。色なども自由に作成できます。

当社では各々好きなカラーに社名ロゴを入れたものを個々身につけています。打ち合わせのときに視線が自然にバッジに向き、気を配っているこちらの姿勢が伝わります。

▲毎年GW中に実家の田植えをしておりお客様や協力会社様との近況報告のお手紙に掲載している写真。麦わら帽子をかぶった普段見慣れない姿が話題になり、憶えて頂くことができます。

▼田植え機を操作する兄

身近に感じてもらう演出方法として、変わった趣味や他ではしていないことがあったら、名刺や自己紹介の書類にさりげなく入れておくのがおすすめです。

弊社ですと、実家が農家のため、農作業をしている風景の写真を撮影して近況報告をしています。前ページで「身だしなみをきちんとしなさい」と言いながら農作業をしているイメージはギャップがあるのですが、そこが受け、会話が広がります。

直売所の仕事の打ち合わせで、初めてお客様と会ったとき、自己紹介で「家ではお米作りをやっています」と言っただけで、「それなら仕事を任せる」と言って頂いたことがあります。同じ農家なら、と共感して頂いたのです。ですから趣味や特技など共感を持ってくれる話題を出しておくのも営業の差別化につながります。

身だしなみのお話で、お客様から聞いた印象深いエピソードをご紹介します。塗装屋さんのお客様があるとき、営業先の会社の社長さんに呼ばれ、急いで会社に向かいました。

そのとき、案内された場所が重役が集まっている会議中の室内でした。急いで駆け付けたので塗装がついた服装のままです。他の重役から「なぜ背広でこなかったのか？」と聞かれ、「私は誇りを持って塗装の仕事をしています。この汚れたつなぎが恥ずかしいとは思いません。このつなぎが皆さんでいう背広なのです」と堂々と答えたのです。その言葉がきっかけとなり、仕事が決まったというお話を聞き、大切なのは、

身だしなみと仕事に誇りを持っている姿勢だと勉強になりました。

22

アイデア＆工夫

パン屋さんの営業は閉店間際に行け！売り手の気持ちを知ってる人は特別な存在に！

デザインこころと一緒に活動している営業マンの㈱ゆう企画の前田さん。いろいろな経験の持ち主で、多くの業種の現場を見てきた方なので、その対応には驚くことがあります。

「どうせ同じ商品を買うならお客様のところで」というのは営業マンならば経験があると思いますが、あるとき、前田さんにクイズを出されました。

営業先のパン屋さんで食パンを買いにいくとしたら次のうち、どのタイミングがいいか？

①商品が揃った開店の少し後

②お客様がすぐ2～3時頃

③閉店間際の時間帯

営業トークする時間は別として、ただ買いにいくなら２番のお客様が比較的落ち着いている時間に買いにいった方がいいのでは？　と答えたのですが、通常のビジネスシーンでは正解だけど、パン屋のように手作りのものを売っているお店に行く場合は違うよと言われました。正解は、

③閉店間際の時間帯

とのことです。でも、閉店間際に行くと、買いにいくだけでも気を使わせてご迷惑では、と言ったのですが、売り手の立場になって考えてみると、閉店間際というのは同じ食パンでも売れ残るか売り切るかというものになるのです。

そういう店主の気持ちもわからずお客様のところで昼間たくさん買っていけば喜ぶだろうと2・3斤購入すると逆に迷惑になってしまいます（いつも購入しているお客様の分も買ってしまうことになるわけですから）。差別化は通常のビジネスの常識＋お客様の立場になって考えることが大切だと考えさせられたクイズでした。

時間のことで他の例をあげると、遅刻をしてしまう場合の連絡も工夫できます。例えば10分遅刻する旨を連絡する場合、そのまま10分と伝えず、

あえて少し多めの20分と伝えます。

お客様のところへは10分後にうかがいます。

すると「予定より早く来たね」と言ってもらえます。もちろん、お詫びはきちんと伝えるのですが、

急いで来てくれたという気持ちがお客様に伝わるのです。

この他にも、業種によっては約束した締め切りの時間に間に合わない、という状況があると思います。そんなとき、言ってはいけない言い訳があります。それは自分のマイナスイメージを伝えることです。例えば、

×お客様とトラブルがあって遅れてしまった

×体調が悪く遅れてしまった

×現場が混乱しており、遅れてしまった

実際にそうだったとしてもこのように伝えてしまうと、この人・会社は大丈夫か？　と心配されてしまいます。一時的なことで遅れてしまったのならプラスのイメージで返すといいでしょう。例えば右記にあげた3つの例は忙しいというのが原因です。これをポジティブな言い方に変えると、

◯おかげ様でたくさんのお客様から反響があり立て込んでおり遅れてしまいました

急いで対応しましたが、それでも間に合いませんでした
大変申し訳ありませんでした

などという形になります。するとお客様もこんなに忙しい中でも、わざわざ対応してくれたのかと、付加価値を感じてくれます。遅れること自体はマイナスですが、人気のある忙しい人・会社に仕事を出しているというプラスのイメージが伝わり差別化を図ることができます。もちろん、遅れた分その後の対応をきっちりとこなすことが大前提ですし、やっぱり遅れないことが1番なのは言うまでもありません！

時間を演出しなさい!!
マンガ:田中徹(兄)

23 アイデア&工夫

商品が足りない、予定がいっぱい付加価値を作って売れ!!

同じ商品やサービスをプレゼントされたときでも、ありがたみが違う場合があります。それはこんな一言がこぼれるときです。

- **なかなか手に入らない商品だけど、やっと手に入った**
- **忙しい中、なんとかお願いして対応してもらった**

商品やサービスが枯渇している状況で手に入れたものには付加価値がつきます。インターネットなどで全国に向けて大々的に売る方法もありますが、

あえてそこに行かないと購入できなかったり、サービスを受けられないという付加価値を作ることも大切です。

例えば、ある売れ筋の商品のPOPを頼まれたことがありました。

ここでしか購入できないことと生産者さんが個人ということもあり、1日に作れる量が限

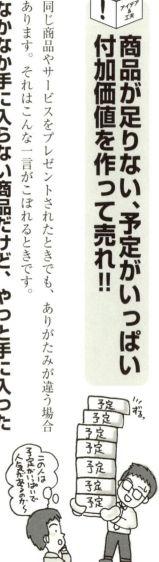

▶POPの作成例
生産者さんからして見ると、当たり前のことでもあえて表現。お客様には新鮮に映ることもあります。

作成例
いちご作り30年
佐藤さん手作りの
自家製ジャム
風味豊かな味わいで
紅茶にスプーン1杯入れて
飲んでもおいしい…!!
こんな楽しみ方もあります
無添加だから早めにどうぞ!
1つ1つ手作りだから
量はそんなにできませんが、
自然の甘さをひきたてた
ジャムです!!
売れ筋の商品は告知も大切
いよいよ佐藤さんの
いちごジャム
4/28(火)
入荷決定!!
カウントされていく
残りあと3日
お早めにどうぞ!! おすすめです!!
限定10個
次回入荷は来月中旬頃となります。

▶売れ筋の商品は
入荷の告知も大切です。
販売からすぐ完売すれば
それが次回の口コミや
付加価値につながります。

られていました。

その2つを強調したPOPを作って販売したところ、元から人気があったこともあり、出荷してはすぐ売れるという状態になりました。

この反対に、売れるからといって機械を導入したりスタッフを増員して大々的に販売したケースがありました。

最初は売上が順調に上がって定期的に売り切れていましたが、売り上げが下がり、結果的に大量の在庫をかかえるようになってしまいました。いつでも買えるという状態になってしまったため、お客様に飽きられてしまったのです。希少性という付加価値がなくなり、お客様の購入意欲がなくなったのかもしれません。

当社の例で言うと、広告の制作依頼はおかげさまで予定が常に詰まっています。あるとき、協力会社さんが大手の会社のリフォーム部門の案件を持ってきてくれました。全国に拠点があり連絡先を変えるだけでも膨大な量の仕事でした。

連日締め切りに追われ、かなり遅い時間まで作業が続きました。このままだったら人員を増やした方がいいかもしれないと思いました。しかしぎりぎりまで現体制のまま、外注さんなどに協力してもらいながら対応していました。しばらくして期が変わり、突然大手の経営体制が変わり、リフォーム部門がなくなってしまったのです。

もしあのとき、人員を増やし、事業を拡大していたら大変なことになっていたでしょう。その教訓を経て、規模を大きくするのは徐々にという考えでいます。時にはお客様に事情を説明して進めています。予定が立て込んでいる中で、先方の事情に配慮し、急ぎのものがあれば優先的に対応します。

きちんとこちらの事情が伝わっていれば優先的に対応してくれたことを大変喜んでくれます。

これが付加価値であり、もちろん結果も出れば頼んでよかったと次回にもつながります。

逆に時間に余裕があるときに工夫することも大切です。うなぎ屋さんのお客様から聞いた話ですが、うなぎ屋さんでは注文を受けた後、蒸してから焼くため、事前予約なしで来店されると大変待たせてしまうことがあります。またシーズンになると混雑し、対応だけでも大変です。そんなとき、サービスでサラダを出したりデザートにカスピ海ヨーグルトを出すことがあるそうです。こんな心遣いが、わざわざ忙しい中、気にかけてくれたと満足し、また来店してくれるそうです（自家製のカスピ海ヨーグルトは好評でその後メニューにもなったそうです）。

目の前のお客様にいかに満足して帰ってもらえるかが大切だということを教えてくれました。

付加価値を演出しなさい!!

マンガ:田中徹(兄)

第5章

お店の販促で特別な存在になれ!!

お客様を先に喜ばせると何倍にもなって返ってくるアイデア集

24

アイデア&工夫

お客様に選んでもらう景品でわくわくさせる!!

お客様にお渡しする景品や粗品を少し変えるだけでわくわくを演出することができます。

それは色違いやさまざまな種類のものを用意してお客様に選んでもらうのです。

複数の種類を用意するので予算は通常よりかかるかもしれませんが、粗品や景品を店頭に並べたときに華やかになります。またそのままプレゼントされるよりも「自分で選んだもの」という付加価値がつきます。受け取るときにどれにしようか迷うので、わくわく感も演出することもできます。

この良さを知ったのは、銀行の口座開設のときに景品として、3色のボールペンの中から「1本どうぞ」と並べられたときに、わくわくしたのがきっかけでした。赤・青・黒と定番の色でしたが好きな色を手に取ったときに特別感があったのを憶えています。自分で選ぶのがおもしろいと感じました。

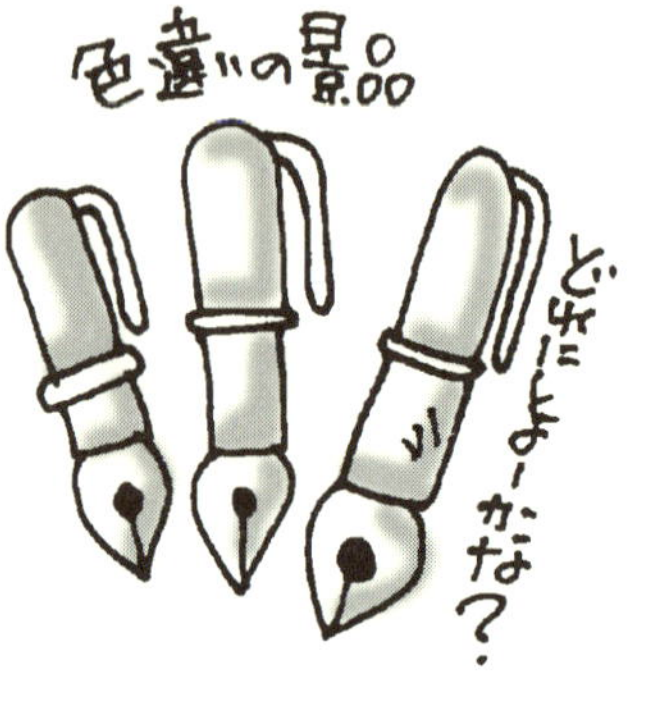
色違いの景品
どれにしよーかな?

弊社が実際に企画し好評だった粗品の事例をご紹介します。お客様のニーズにあった、いろいろな広告提案をするということを印象づける目的で行いました。○○円以上ご注文頂いたお客様という形で次のものをお渡ししました。

・ご当地サイダー
・ご当地インスタントラーメン
・ご当地キャラメル

ネットで探すと、ご当地の商品をまとめて取り扱っているところが多いため、比較的簡単に種類を揃えることができます。ご当地というだけあってパッケージも個性あふれるものが多く、店頭に飾ったときにおもしろさが演出できます。中には変わった味のものがあり、お客様ご自身が楽しむということもありますが、会社に持ち帰って話題にしようというケースも多かったです。お金を出すのでもう1本くださいということもありました。

「どれにしようか迷ってしまう」と目を輝かせながら選ぶ姿は、見ていて楽しさが伝わってきます。

このわくわくした気持ちを一緒に持ち帰ってくれるだけで会社の差別化を演出することができます。

▶ご当地サイダー。
夏に向けて企画したものです。飲み物で重みもあるので、プレゼントした感があります。

◀ご当地インスタントラーメン。
秋から冬に企画しました。パッケージがさまざまで、並べたときに店頭が華やかになりました。

▼ご当地キャラメル。
お菓子を選ぶという感覚。わくわくしながらおまけを選ぶという気分で楽しいと好評でした。こちらもさまざまな絵柄があり、見ているだけでも楽しい雰囲気になります。

ご当地サイダーを置いたときは、店頭にたくさんのサイダーが並んでいるのを見て「こころさん、業種変えたの？」と言われるぐらいインパクトがありました。粗品をプレゼントすることで大切なのは、

毎回アイデアを出して粗品を変えることです。

「またおもしろいことやっているね、今度は何？」と興味を持ってもらえたり、並んでいる商品を見て話のネタにしてもらったり、ＳＮＳで紹介してもらったりと、プレゼントして終わりではなく、そこから話が続くようなしかけを作ると販促の効果が何倍にもなります。

選ばせる粗品を演出しなさい!
マンガ:田中徹(兄)

25 アイデア&工夫

ＦＡＸ１枚でお客様から感謝される！販促はモノだけじゃない！

販促とはそもそもどんな意味か？

販促＝販売促進の略。最終的にお客様の購入に結びつける宣伝や方法。

販促というと何かモノを上げると考えてしまいますが、

モノをあげなくてもいいのです。

以前からお付合いのある大先輩のお客様で、情報をあげるという方がいらっしゃいます。

朝一番に新聞の細かなところまで目を通し、役に立つ情報を切り抜いてお客様にＦＡＸを送るそうです。たったそれだけの作業ですが、中には重要な情報もあったりと大変感謝されるそうです。そのお客様の販促とは、

ためになる最新の情報をあげることだったのです。

その話を聞いてからお客様との何気ない会話も拾うよう心がけました。今まではこちらから気の利いたことを言わないといけないと思っていたのですが、何を必要としているのか徹底的に聞くことが大切だとわかりました。

保険の営業マンのＹさんのエピソードをご紹介します。Ｙさんと話しているとき、ある著書の方の話題になりました。私も興味を持ち、あとでその方の本を買ってみるというお話をしました。Ｙさんは CD 版も出ていると言い、移動中に聞いていると話していました。本よりも肉声を直接聞けるCDの方がわかりやすいとおっしゃっていました。

数日後、近くにきたとＹさんが訪れ手にしていたのがそのCDでした。もし良かったらお貸ししますと持ってきてくれたのです。何気なくかわした会話を忘れることなく必ず何かしらの答えを返してくれる行動がさすがだなと感じました。これもＹさんなりの販売促進＝お客様のお手伝いなのかもしれません。そんな拡大解釈で広げるとたくさんのエピソードや事例が出てきます。

蕎麦屋＆豚しゃぶの美味しいお店が地元東浦和にあります。昼は蕎麦が中心で夜に豚しゃぶをご提供しています。このお店では平日の夜のお客様を増やしたいと考え、

昼のメニューに豚しゃぶ用の「ブランド豚」を使った料理を提供しています。

例えば、和風のカレー南蛮のお肉をこの「ブランド豚」にするのです。くせがなく甘味のある豚肉で、食べた瞬間に口いっぱいに旨味が広がります。まずはその豚肉の美味しさを知ってもらおうという試みです。こういった方法も夜の豚しゃぶを食べにきてほしいお客様につなげる販売促進と言えるのではないでしょうか。

告知
11月
より
来月11月より開催!!!
本場ドイツの味が楽しめる!!
ドイツのソーセージ
750円(税込)
ドイツ料理フェア(全5種)
※「食べたい!」という方、是非来月もご来店下さい!

お客様をつなげる方法は他にもあります。お洒落なワインと美味しい料理が自慢のお店で月ごとにフェアと銘打っておすすめの料理を出しています。

来月のおすすめ料理の告知を入口に置くのです。

来月のおすすめなので、今日来店した方は食べられません。なぜ店内に置くのか？

それは満足な時間を過ごし、会計を入口で待っているときに、その看板を見るからだそうです。さりげなくまたここに来るきっかけを演出しているのです。

あと来月のおすすめと知らず注文した方も、今日は食べられないと知るとほとんどの方が次の月も「ずっと気になっていて楽しみにしていた」と来店してくれるそうです。

また、対お客様だけでなく業者の方への気配りも販促と言えます。私がお金をもらう側なので業者という立場になりますが、あるお客様は、帰る間際にわざわざ冷蔵庫から冷たい飲み物をもってきてくれたり、料理をご馳走してくれたりと気を使ってくれます。

こんな気配りができているお店は、従業員の方もみんな笑顔でいます。私もこのすっかりこのお店のファンになりました。

大切なのはモノをあげるということではなく、お客様を大切にする気持ちが究極の販促です。

究極の販促をご提案しなさい!

原作:大山祥子　マンガ:田中徹(兄)

26 アイデア&工夫

現金つかみ取り!? 大人もテンションが上がるわくわく販促!!

お店の販促でお子様向けに、飴や一口サイズのお菓子を箱にたくさん詰め込んで、つかみ取りを企画すると盛り上がります。

小さな手にいっぱいのお菓子をつかみ取るゲームの要素もあって楽しい催し物となります。

このつかみ取りの中身のお菓子を変えるだけで大人も盛り上がる、わくわく販促になります。

大人向けにおすすめなのが、お札の形をしたせんべい（おかき）を入れることです。現金のつかみ取りを思わせるユニークな企画へと変わります。大人もテンションが上がって本気で参加してくれます。また、お札のチョコのお菓子も混ぜると甘いものとせんべいで組み合わせもばっちりです。

子供向けには金貨のつかみ取りがおすすめです。こちらの中身はチョコレートですが、金色に輝いているので店頭に置いても目立ちます。

さらに宝箱を連想させるような立派な箱に入れると某有名漫画のように海賊気分が演出できて、さらに盛り上がります。

◀アンティークな箱にコインの形をしたチョコレートを入れ、金貨のつかみ取りを演出。男の子に好評なお菓子つかみ取りです。

◀当社で作成した
オリジナルの
つかみ取りの箱。
大人の方も本気で
取り組むほど人気でした。

▲大金持あられ。
見間違えるほど１万円札に似せた個包装には、
海老味のおかきが入っています。
（製造元：株式会社 ニューエスト）

ゲーム要素を入れてプレゼントすると家族みんなで楽しむことができます。他に不動産会社のお客様で企画し好評だった事例では、アンケートにご記入頂いたお客様に参加してもらった、**袋に好きな野菜をたくさん詰め放題の企画**があります。

用意した野菜はじゃがいも、にんじん、たまねぎです。この3種類の野菜で連想する料理は、そう……、子供に人気の「カレーライスです！」

不動産のアンケート記入というと、なかなかハードルが高いのですが参加する方が予想より多く、1日に3回も近くのスーパーに行って野菜を補充したほどでした。見込み客を集めることができ大成功でした。

ちなみにアンケートにご記入頂いたお客様にプレゼントする商品（クオカードや商品券などは除く）をいろいろとご提案してきましたが、人気のある商品は、

新米、洗剤、サラダ油などでした。

どれも共通するポイントは財布の紐を握っている奥様が喜ぶ生活に欠かせないものです。

それぞれ重量もあるのでプレゼントをもらった感が演出できます。また「奥様が喜ぶ」をキーワードに流行のキッチングッズや美味しいスイーツ・お菓子などをプレゼントする企画もおすすめです。

この他にも販促の定番のスタンプラリーも新しいお客様を呼び込むきっかけになるおすすめの企画です。

同じ不動産会社のお客様の事例で、２つの展示場にそれぞれスタンプ台を設置しました。１つスタンプを押すとそこでは新米がプレゼントされ、もう１つはご当地のカレーがプレゼントされ、合わせるとカレーライスになるという企画です。お客様自ら２つの展示場を回ってくれるのでそれだけ営業マンとの接触回数が増え自然と成約につながりやすくなります。

このように販促にゲーム性やユニークな試みを取り入れることにより、お客様との会話も盛り上がり、その後の具体的な成約や商品購入などのお話がスムーズにしやすくなります。

ユニークなつかみ取りを企画しなさい!
マンガ:田中徹(兄)
社長!! ドーンっと つかみとり下さい!!
よ〜し どれどれ
あっあれ
なんかぬけない…
あんまりよくばりすぎるとぬけなくなることもあります

27 アイデア&工夫

特別なお客様にお渡しするオリジナルプレゼント！

仕事を続けていると、いろいろな理由でお客様に大変感謝することがあります。心からお礼を伝えてもそれだけでは気がすまない、返しきれないほどのご好意を受け取ったときに、プレゼントをお渡しします。

すぐにお礼をお贈りする場合は、第1章でご紹介したようなユニークなものをセレクトしますが、それ以上のご好意を受け取った場合は、

オリジナルで制作したお菓子のプレゼントがおすすめです。

これは制作会社ならではの発想かもしれませんが、プレゼントをお贈りして終わりではなく、受け取ったお客様が、さらにその先のお客様や周りの方にお渡しできるようなものがおもしろいと思っています。

お客様のその先のお客様が喜んで頂けることが1番うれしいことではないかと思います。

まずは実際に当社が利用したおすすめの事例を2つご紹介します。

●オリジナルパッケージのうまい棒

▲有限会社フェイスウィンさんが運営する
オリジナルパッケージに包まれた「うまい棒」。
株式会社やおきんさんの承諾をいただき、
「オリジナルうまい棒」の販売を行っています。
企業の販促やPRにもおすすめです。

▲オリジナル印刷でパッケージング
された「うまい棒」です。絵柄が
自由にデザインできます。パッ
ケージを開けると中にうまい棒が
入っています。
「オリジナルのうまい棒を作った
の？」と大変驚かれ、インパクトが
あり大変好評頂いています。

https://www.umaibo.jp
「オリジナルうまい棒」で検索

▲埼玉県の名物、草加せんべいにオリジナルデザインやオリジナルイラストを印刷してプレゼント。せんべいも美味しいとお客様に大変ご好評です。
株式会社 菓房茶房さんが製造・販売するオリジナルデザインやオリジナルイラストでせんべいが作れます。「デザ印せんべい」「プリントせんべい」や「印刷せんべい」とも呼ばれています。絵柄やイラストを自由にデザインでき、プレゼントやお店の販促物としておすすめです。
賞味期限は製造日より約120日（4ヶ月程度）と長いこともあり、配りやすいのもおすすめです。

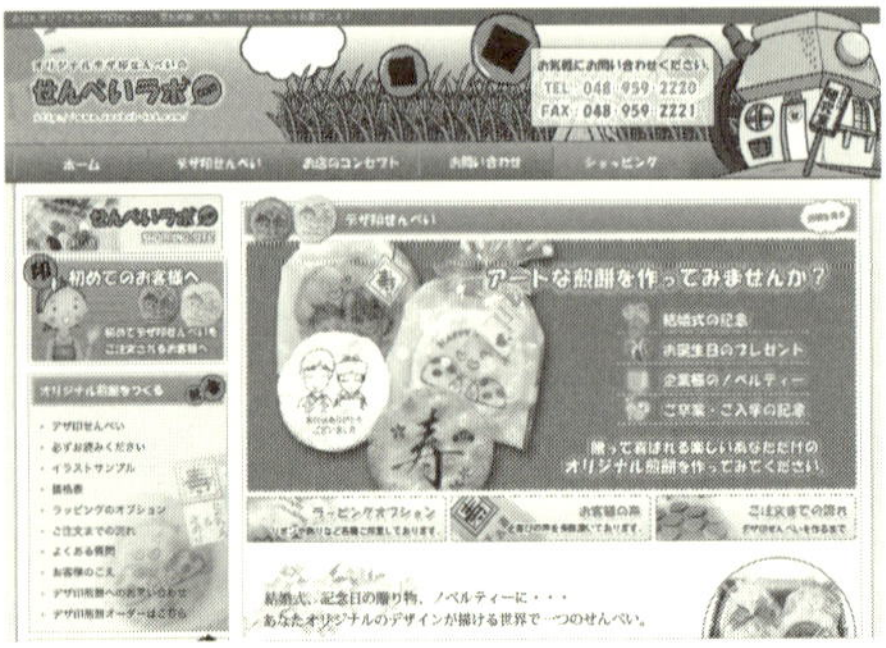

気になったかたは、
「デザ印せんべい
　せんべいラボ.com」
で検索してみてください。
http://www.senbei-lab.com

オリジナルのパッケージのお菓子は、この他にもいろいろな企業が取り組んでいるので探してみるとおもしろいです。以前働いていた会社の社長に頼まれ、お孫さんの誕生日プレゼントにお贈りするオリジナルのパッケージのお菓子の制作を頼まれたことがありました。そこに印刷する文字は誕生日おめでとうですか？　と聞いたところ、そうではなく、

「いつも遊んでくれてありがとう」という文字でした。

社長からお孫さんに宛てた言葉ではなく、お孫さんがいつも遊んでくれている友達にプレゼントするお菓子だったのです。友達を大切にするようにと想いが込められたお菓子でした。

オリジナルのお菓子をあげなさい!
原作:大山祥子　マンガ:田中徹(兄)
メッセージが入ったオリジナルのせんべいが作れるんですよ
そんなこともできるのかな〜
ひらめいたーっ!!
わしもオリジナルせんべいをぜひ作ってみたいのだが
いいですよお客さんの販促用ですか?
いっいや個人的に作りたいんじゃ…
奥さんとケンカした時に渡すためにね
すみませんべい
ゴメンナサイ
なるほどーっ

28

アイデア&工夫

開店祝いに花を贈るな!? 顔出し看板を贈れ!!

語弊があってはいけませんので最初に前置きをしておきます。

開店祝いに、花を贈るのはもちろんおすすめです。

店頭に飾れば場が華やかになり、明るい雰囲気を演出してくれます。

「それでは見出しにある開店祝いに花を贈るな!?」とは、他の方も花を贈ることを想定しています。その場合、せっかく花を贈っても、たくさんの花の中に埋もれてしまいます。それなら、お客様を喜ばせつつ、販促としても話題になる開店祝いがおすすめです。それが、

ハレパネでできた顔出し看板です。

観光地に行くとよくありますが、顔の部分が丸く切り抜かれている看板です。オープン当日にお持ちすると、サプライズにもなって喜んでくれます。

他の方が贈った花の前に置かれた顔出し看板は、おもしろさが演出され絵になります。まずは私たちが贈った看板の実例をご紹介します。

▲ハレパネで作成した顔出し看板。ポイントは何枚もパーツを重ねると立体感が出ておもしろくなり、インパクトが増すことです。こちらはペットショップのリニューアル祝いに制作。

▲うなぎ屋さんの広告を作成した記念に

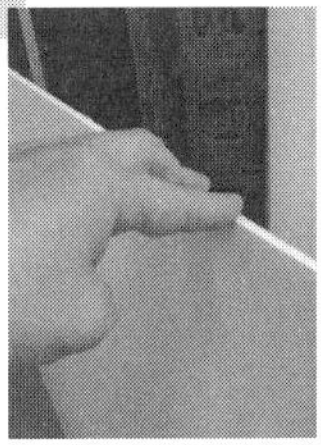

▲ハレパネとは発泡スチロールでできた板。表面にのり付きのものを使用。
発泡スチロールのため軽く持ち運びも簡単。ただしのりの接着のため運搬は細心の注意を払う必要があります。

▲動物病院のオープン祝いに

顔出し看板がなぜおすすめなのかというと、理由は3つあります。

①看板の役割をしてくれるので集客効果があります。
②撮影に人だかりができ、繁盛している雰囲気を演出してくれます。
③顔出し看板で撮影した写真をツイッターやブログにあげてくれます。

看板を見た人が口コミでおもしろい、素敵なお店だな、共感できるなどと広げてくれ、宣伝効果につながります。

イベントで設置したラーメン屋さんでは、わざわざ学生が撮影にくるほどで、「今度は撮影だけじゃなくて食べにこいよ（笑）」と、面白いやりとりしてるよ」とお客様から笑顔で報告がありました。

しかし、最初にお贈りするときは、ふざけすぎているかもしれないと思い、お客様にお渡しするのをためらいました。念のため、花も一緒に持っていったのですが「こんなの待っていた！」と絶賛され、入口の1番目立つところに飾ってくれました。洒落をわかってくれる方なら必ず喜んでくれることでしょう。

絵柄をデザインする作業は手間がかかるかもしれませんが、ポスターの出力とのり付きのハレパネ（厚さ7ミリ）の原価ならば、高いお花を買うのと同じぐらいです。また店内だけでしたら半年間はもちますので、その間ずっと目立つ存在になります。

そのうち開店祝いには、顔出し看板を贈る習慣ができたら面白いなぁと思っています。

顔出し看板を贈りなさい!

マンガ：田中徹（兄）

29

アイデア&工夫

たった1枚の紙で大切に飾ってくれる粗品に変身！

販促物でよく相談されるのが、

値段は安くて、とっておいてもらえて、大きい、もしくは重みがあるものはないかということです。

100円から200円の予算……。この相談には毎回頭をしぼっています。制作例をご紹介します。親しくさせて頂いているお客様から年末の挨拶用に販促品を作成したいと相談されました。そこで考えた案が、

トイレットペーパーを渡すという作戦でした。

ちり紙交換じゃないんだからと思われるかもしれませんが、ある工夫をすることで目立つ上にありがたいと思ってもらえるトイレットペーパーに変身したのです。

そのある工夫とは何か、それは、

包装紙をオリジナルで作ってお渡ししたのです。

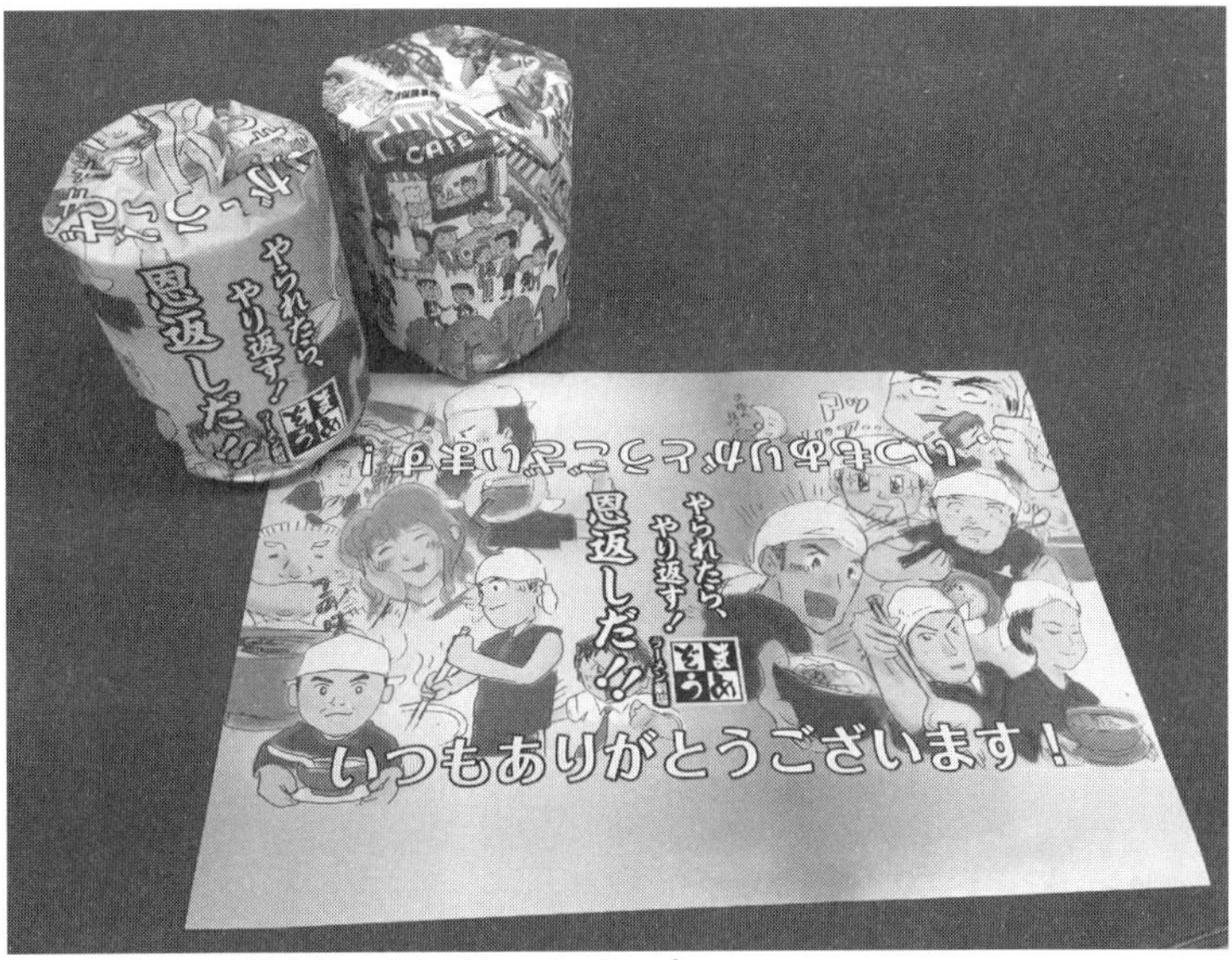

▲オリジナルの紙を巻いたトイレットペーパー

▲こちらのデザインは当社のホームページの無料テンプレートの中にあるのでＡ３でプリントしてオリジナル・トイレットペーパー作りに挑戦してみてください！

▲トイレットペーパーなので大きく重さも感じられ、販促品としておすすめです。

渡したときは「トイレの神様」の歌が流行っていたこともあり、なんだかいいことがありそうだと好評でした。トイレの目立つところに飾ってくれる方が多く、宣伝にもなり大変感謝されました。トイレットペーパーをもらって迷惑な方はいないので販促品としては理想的だったかもしれません。

作り方は、Ａ３サイズに印刷をしたオリジナルの紙を通常のトイレットペーパーに巻きつけるだけです。可能でしたら、通常のコピー用紙よりもワンランク薄いコート45キログラムという紙を使用するのがおすすめです（もっと薄い紙があればさらにいいのですが）。

包装するときに少しコツはいりますが、この１枚を巻いただけのトイレットペーパーが喜ばれるのですから、アイデア次第で可能性は広がるんだなと、私自身も考えさせられました。オープン記念で採用してくれた社長さんは、山のように積み上げ、活気のある売り場の演出としても使っていました。

こういった販促品では、そのとき流行っているものを取り入れると話題になりやすいです。前ページの作品例では某ドラマのフレーズを文字って使っています。

これも先の顔出し看板のように、こんなおもしろい販促をプレゼントされたと知り合いに話したり、ブログやフェイスブックなどに記事として上げてくれるので口コミ効果も期待できます。

私も作成したいけど、絵柄が……という方もご安心下さい。当社ホームページに無料テンプレートをアップしておりますので、是非お使い下さい。

年末の販促品として、箱に入ったマスクもおすすめです。こちらは、のし紙を貼る程度でも大変喜んでくれます。社名の入ったシールを箱に貼ってお渡しするのもいいでしょう。マスクは寒い季節に品薄になりがちなので、秋頃に余裕をもって注文するといいでしょう。販促でいつも悩んでいる皆さん、

既存の商品に紙を巻くという考え方で差別化を図る販促品の完成です！

第6章

楽しい演出で特別な存在になれ!!

自分も楽しんで行うと魅力のあるものに変化するアイデア集

30 アイデア&工夫

映画を製作して披露!? サプライズの演出で口コミを作れ!!

注文建築の上棟式でサプライズの演出をしている不動産会社のお客様の事例をご紹介します。

ご家族の今までの写真をお預かりしてエピソードをお聞きします。これまでのご家族の歩みを1本の動画にして、上棟式の日に上映するのです。住まいを購入するのは人生に一度の一大イベントです。その一大イベントの大切な日に今までの人生を振り返ってもらうのです。

そしてこの上映会の最後に流れる文章がサプライズになります。

旦那さんにお願いして奥様に内緒で手紙を書いてもらいそのメッセージを流しながら旦那さんに読んでもらうのです。

その手紙には今までの感謝とともに、これから新しい住まいで描く明るい未来への想いが綴られています。何も知らされなかった奥様は驚き、嬉しさのあまり涙ぐむかたもいらっしゃるそうです。上棟式が形式的なものではなく、ご家族の新たな門出になるという、にくい演出です。

こんな演出がいつまでも記憶に残るのです。そして、新しい住まいに知人や同僚を招いた

とき、必ず話題にのぼります。そのときの感動がいつまでも色褪せることなく、不動産会社への感謝とともに語られます。そんな生の声が口コミにつながり相談にくる方も多いそうです。

サプライズを活かしたおもてなし演出は、飲食店でもあります。

先日のことです。突然友人の誕生日祝いをすることになり、みんなと食事に行くことになりました。お店の予約はとれたのですが、ケーキなどの事前準備をお願いしておらず、スタッフさんに聞いたところ、準備いたしますと快くお返事を頂きました。

そして、食事も終盤に差し掛かると、店内に音楽が流れ、お店のスタッフが集まってきてくれて「お誕生日おめでとうございます！」と祝ってくれたのです。その持ってきて頂いたデザートのプレートにはイラストとメッセージが書いてありました。

急なお願いということもありケーキは用意できなかったのですが、お店にあるデザートを特別に盛りつけて振る舞ってくれたのです。

祝われた人はプレートに描かれた名前とイラストを感慨深そうにしばらく見ていました。

このような演出は思い出になり、またこのお店に来ようと思います。そしてこの演出を見ていた周りのお客様も、友人や恋人が誕生日のときに自分もお願いしようと思い、お店のスタッフに声をかけてくれるそうです。

飲食店をオープンするお客様のお話で、オープンにあたって必要な道具や工事の発注は少々高くても、なるべく近所の方にお願いするそうです。それはオープンしたときに食べにきてくれるからです。さらに美味しいと思って頂ければ、常連さんになってくれるかもしれません。ネットで注文すれば安く買えると思うのではなく、

その先の得を考えて、お店が始まる前からすでに商売をしている姿勢が勉強になりました。

サプライズやおもてなしはお客様だけにするものではありません。

いつも一緒に頑張って働いてくれるスタッフや同僚にもおすすめです。

弊社の例ですと、スタッフの誕生日には事前に打ち合わせをしてケーキを準備してお祝いをします。また頑張ってくれたスタッフには感謝と一緒に「寸志」を夏と冬にお渡ししています。渡し方もサイコロを振って出た合計の金額とか、現金ではなくパソコン一式の現物支給など、印象に残る渡し方を心がけています。限られた予算なので少しでも楽しむことができ、喜んでもらえる方法を考えています。

これはスタッフが外で、自分が働く会社のことをどんなふうに言っているのかを考えているからです。友達や家族に自分の会社の話をするときに、少しでも楽しく話してほしいという想いが込められています。

もちろん仕事なので大変なこともあります。しかしその中でも楽しいことがあり、自分の成長を感じ、認めてもらえる場所だと思ってほしいのです。そして楽しそうに仕事の話をする姿を見て、家族や周りの方が安心し、信頼へとつながります。

そして巡り巡って好評価の口コミにつながるのです。

人との繋がりを大事にしなさい!
マンガ:田中徹(兄)

31 アイデア&工夫

地域密着! 地元の情報をのせたオリジナル新聞で情報発信!!

ここでは私たちの変わった取り組みをご紹介します。

私たちの本業である紙の広告制作を活かして、

地元東浦和を紹介する「東浦和新聞」を制作・発行しています。

新聞といっても、B4サイズの両面カラーチラシのようなものです。地元のイベントや、名所・自然などをメインに紹介し、地元にしかない個人のお店を取材し、記事を掲載しています。年に3、4回のペースで配布し、1万部を発行しています(7000枚をポスティング会社さんへお願いして、残りは取材した店舗さんに置いたり協力店さんの店頭に置いたりしています)。

一般のフリーペーパーと違うのは、広告枠で収入を得ておらず、すべて無料で発行していることです。地元をもっと知ってもらおうという理由で始めた企画です。広告屋さんが「営業しない広告」を作ったらおもしろいという発想でした。

もちろん無料だからといって取材や記事の内容に手抜きはしません。むしろ全力でやります。自由に作れるので「楽しんでもらう」をモットーにいろいろな内容を盛り込んでいます。

▲東浦和新聞のイメージキャラクター書道娘「櫻舟優空」

70ページで紹介した「書道娘」というキャラクターが、地元を紹介する構成になっています。

店舗などの紹介もただの宣伝や売り込みではなく、魅力を知ってもらうことに主眼をおいているので、内容の濃い読み物になっています。

◀一応発行しているのが
何の会社かわかるように
最低限の紹介にしています。
地元を紹介することが１番の目的です。

東浦和駅・見沼通船堀周辺にポスティングしてます!!地元のイベント&店舗情報をご紹介中!!

おかげさまで第13回!!

今回も内容が盛りだくさん♪お店紹介は4店舗です!意外と知らない東浦和のオススメ自販機も紹介

東浦和新聞

2015.3発行

少しづつですが暖かい日が増えてきました♪今年も3月下旬～4月上旬には満開の桜を東浦和のいたるところで見れますね!!

新聞の裏面には東浦和を中心にオススメのお店を取材してきたので気になった方はぜひ行ってみてください♪

こんな所にも自販機あったのか～♪価格が安い自販機、珍しい飲み物等を調査!!

東浦和周辺の自販機マップ

番号を下の地図で探してください♪

2015年3月4日調べ

1 チーズたっぷり濃厚コーンポタージュ!! 缶130円～ペットボトル150円～

2 たっぷり缶110円!! 缶110円～ペットボトル140円～

3 駅近でたっぷり缶120円!! 缶110円～ペットボトル140円～

4 ナタデココ入り♪120円 缶100円～ペットボトル110円～紙パックジュース80円～

5 東浦和交番前!!缶100円!! 缶100円～ペットボトル100円～

6 青森りんご160円!! 野菜スープ150円!! 缶120円～ペットボトル110円～

7 各種おいしい水ボトル安い!!120円!! 缶120円～ペットボトル110円～

8 お水ボトル110円!! 缶110円!! 缶110円～ペットボトル130円～

9 缶コーヒー80円～その他缶90円～ 缶80円～ペットボトル110円～

10 クリームサイダーペットボトル90円!! 缶60円～ 缶60円～ペットボトル90円～

11 たっぷり缶コーラ120円!! 缶120円～ペットボトル150円～

12 たっぷり缶110円!! 自販機4台!! 缶100円～ペットボトル110円～

13 たっぷり缶120円!! 缶120円～ペットボトル120円～

14 たっぷり缶120円!! 缶120円～ペットボトル140円～

15 スポーツのあとにおすすめ飲料豊富 缶110円～ペットボトル110円～

16 濃いコーラ130円!! 缶120円～ペットボトル170円～

17 自販機5台!! あまおう140円!! そば茶140円!! 缶130円～ペットボトル130円～

激安発見!! 1缶40円のお茶見つけた!! 静岡産のお茶「彦左衛門」 40円!! 激プライスセンター 川口本店

東浦和周辺桜スポットご紹介!!

▲自分たちで自由に記事内容を決めることができるので季節や旬なネタにあわせた記事を作成しています。例えば地元の自動販売機をまわって調べたオリジナルの自動販売機マップや桜が咲いているスポットを調べて紹介するなど他にはない記事をお届けして大変好評頂いています。

▶書道娘「櫻舟優空」は流行に左右されない皆にずっと愛されるキャラを目指しています。

お店の紹介記事を書いたからといって、名刺や看板の制作や広告の依頼をねらっているわけではありません。純粋に地元の良さをみんなに知ってもらいたいというのが目的です。

しかし、こんな売り込み要素のない新聞を4、5年と続けていると、予想もしなかった奇跡が起こるようになりました。それは、

広告や紙媒体の制作の依頼がくるようになったのです。

飲食店から依頼がくるのはもちろんですが、製造業などの一見新聞とは関係がなさそうな会社から「こんな制作をしているところを探していた」と会社案内やパンフレット、プレゼン資料の作成など、通常の窓口では受けられないような依頼まで頂くようになったのです。

また、取材したお店のつながりで仕事を紹介して頂いたり、普通は関係を築くのが難しい団体の方とも知り合えたりと「東浦和新聞」という媒体を通して地元のさまざまな方とのつながりができました。時には突然弊社で働きたいという電話があったり、学生が興味を持って学校の課題の一環で取材をしたいなどのお話を頂くこともあります。

楽しい・おもしろいということをやっていると自然と人が集まるんです。

ポスティングしてくれているスタッフの方が、通常のチラシのポスティングは断られるケースがあるのですが「東浦和新聞の最新号です」と言うと楽しみにしていたと受け取ってくれ

▲地元のお店の紹介も細かな点までヒヤリングし魅力を十分に伝えられるように記事を全力で作成します。今まで知らなかった方が、記事を読んで来店するようになり、集客にも貢献しています。

るとおっしゃっていました。売り込みをしない新聞だから見ていて楽しいそうです。

取材したお店も、最初は何か売り込みをされるのかと警戒していましたが、純粋にこちらの意図がわかると親しく接してくれます。

そして今では「発行されるのを待っていたのよ～」と心待ちにして頂いています。

私自身、ここまで人が集まる媒体になるとは想像していませんでしたが、

楽しんで地元貢献をしていると
人という輪が広がり
そして続けていくことが
人を惹き付ける魅力に変わります。

新聞の製作で思わぬ効果もありました。掲載目的で様々な業種の方へ取材しに行きます。中には個性あふれる店主の方がおり、おもしろい

お話を聞けます。

ゆっくりお話をうかがえるので、異業種の職場をじっくり見学できます。その中で新しい発見や気付きが生まれ、そんな体験が刺激になり、日常の業務に自然と活かされマンネリ化を防ぎます。違う業種でも「自社の仕事に置き換えたら」と考えると参考になることはたくさんあります。

まさに異業種の現場は気づきと発見の宝の山です。

地元貢献を楽しんでしなさい!!

原作：大山祥子　マンガ：田中徹（兄）

32 アイデア&工夫

年明けに問い合わせが増える理由 写真1枚で思い出してもらえる!!

突然ですが、皆さん年賀状はどんなものを送っていますか?

年明けに、常連のお客様から仕事の依頼がほしい! と思う方は、**あなたの顔写真をのせた年賀状がおすすめです。**

その理由は、常連のお客様から仕事の依頼や来店がしばらくない場合、単純に忘れているというケースがあるからです。そんなとき、あなたやスタッフの顔写真を見ると「そういえば最近行ってないな」と、思い出してくれるのです。

人は人に興味を持つものです。思いきって写真をのせると親近感がわくため、お客様との距離が縮まります。これは年賀状だけではなく、チラシや名刺、POPなどさまざまなものに登場させると、その接触回数だけ愛着をもってくれます。

写真をのせるのは恥ずかしいと思う方もいらっしゃるでしょう。そんなときは似顔絵を使うのもおすすめです。多くの年賀状を見比べる中、文字よりも写真やイラストに目がいくため印象に残ります。

◀年賀状で使うと決めてからスタッフみんなの写真を撮影して送っています。昔のものを見比べるとそれだけで思い出にも浸れます（笑）。

▲チラシにも似顔絵を入れて配布。うなぎ屋さんは敷居が高いイメージですが店主の顔を何度も見せることにより入りやすいイメージに変わります。

年賀状は実は3回見てもらえる機会があります。年明けに届いたときと、年賀状を送る際に去年のものを見返すとき、さらにお年玉付き年賀はがきの当選番号を調べるときにも見てもらえます。デジタルが多くなった今でも1枚で3度見てもらえる年賀状はおすすめです。

郵便つながりのお話ですが、いつもお願いしている印刷屋さんから届く長3封筒。貼られている切手は通常のものではなく記念切手です。風景やアニメ、花、名所などさまざまなものがあり、見るだけでも楽しくなります。値段も同じ82円ですから、お客様に送る郵便物にひと手間加えるだけで特色を出すことができます。

弊社がオープンのときにカップを3客頂いたお客様のお話をしましたが（42ページ）、そのお客様・新井恭世さんが尊敬している師匠から教えて頂いた

お礼状の究極の作法をご紹介します。

その師匠とはある会社のトップセールスマンで、とにかく気配りができ、法人・個人問わず、いろいろな方から愛されているそうです。そんな方が教えてくれた究極の作法は、

頂いた贈り物の包み紙で封筒を作り、お礼状を送る

というものでした。初めて新井さんに贈り物をしたときに、贈り物の包み紙でできた手紙を頂きましたが、うれしかったのを憶えています。贈り物を喜び、大切に受け取ってくれたという感謝の気持が伝わるのです。

年賀状は顔写真をのせなさい!

マンガ:田中徹(兄)

▲頂いた贈り物。こちらに使われている
包み紙を破かないように丁寧に剥がします。

▲絵柄のバランスを考え、封筒にします。
お洒落な演出になるだけではなく、
ここまで大切に贈り物を受け取ってくれた
のだという感謝の気持ちが伝わります。
最初に受け取ったときも目立つため、
印象に残る手紙になります。

33 アイデア&工夫

あなたのお店の商品も アイデアで差別化を図れ!!

アイデアで自社の商品を差別化する方法をご紹介します。

キーワードは3つです。

①パッケージを変える
②贈答用（プレゼント用）にする
③小分けにする

具体例をご紹介します。

私の実家は農家で、自分たちで作ったお米を知り合いにプレゼントしていました。お米を入れる袋は既製品のお米袋に入れていました。

そのうちにこのまま渡すのもつまらないと考え、自分たちが収穫している風景や農作業しているシーンを印刷して袋に貼って渡すようにしました。手作り感満載でしたが、逆にその手作りの味が出ていいねと好評でした。

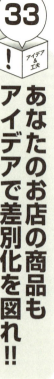

すると、知り合いが、自分もこのようなラベルで友達にプレゼントをしたいという話になりました。

手作り感のあるラベルを贈答用に整えて女性にあげるということだったので、オリジナルのキャラクターをつくって、かわいいイメージでラベルをつくってお渡ししました。

ご好評頂き、今度は会社の販促品に使えないかという話になり、袋を2、3号用のものにしてお渡ししました。

こちらはキャンペーンなどにも需要があり、その事例を見たお客様が、私も頼みたいという話になり、個人だけではなく会社単位の仕事につながりました。

この事例から、自社で販売している商品のパッケージを変えたり贈答用・ギフト用という需要を演出したり、形や量を変化させるだけでも販売する層を変えることができ、

新しいニーズを生むことができます。

切り口を変える方法は他にもあります。

自社工場で製造している商品説明のカタログのイメージを変えたいという依頼がありました。社長さん自ら提案したのが、イメージキャラクターを作って親しみやすいものにしてみてはどうかとのことでした。

▼販促用に小分けしたお米のラベル案。
感謝の気持や縁起のいい七福神なども
入れて付加価値のある演出をしています。

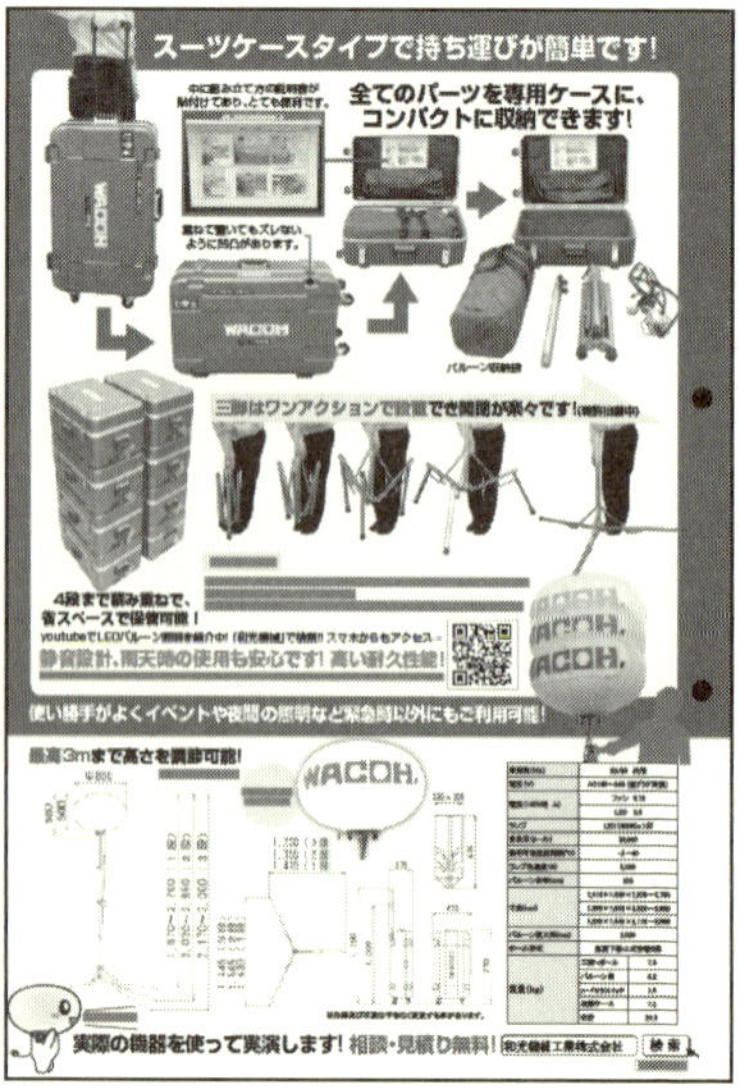

▲社長のご提案でオリジナルキャラクターを取り入れ、イラストや写真をふんだんに使ったパンフレットにした結果、手にとってもらいやすいものになりました。

今まで固い印象だったパンフレットが、キャラクターなどを入れたことにより、手に取りやすくなりました。商品説明をするときも、イメージの写真をたくさん使用したことで、わかりやすくなったと好評頂いています。商品を説明する

チラシやカタログの演出や、切り口をほんの少し変えてみる。そのほんの少しの変化が他社の差別化につながります！

自分だけの考えでは凝り固まっているかもしれません。他のスタッフやお客様にも話を聞いてみると新しいニーズが発見できます。答えは机の上ではなく現場にあります！

アイデアは現場にあるんだ！

マンガ：田中徹（兄）

第7章

広告はお客様に贈るラブレター

ゴミ箱に行かせない！
読んでもらうアイデア集

34

アイデア&工夫

きれいに作るな!?手書きチラシを贈れ!

私たちのメインの仕事は紙の広告をデザインすることです。紙の広告とは折り込み広告やポスティングチラシのことです。お客様のご要望を聞いて具体的な形にする仕事をしています。よくある相談が、今までのイメージを変えながら、お客様が見てくれるチラシを作ってほしいという内容です。そこでおすすめなのが、

手書きチラシです!

強調したいコピーや文章を筆ペンや太いペンなどで書いて広告に掲載します。細かな文字はパソコンに入っているものを使います。手書きチラシにすると、

- **温かみのある雰囲気になります。**
- **他の広告と比べ目に留まりやすくなります。**
- **同じ文章でも想いが伝わりやすくなります。**

メインの文字を手書きにするだけで印象が全然違います。

◀目立つ部分の文字、タイトル、キャッチコピーを手書きにするとあたたかいイメージ、雰囲気になります。
お店の紹介の広告ですが、なんだか手紙をもらったような雰囲気になります。

▼下は不動産広告の手書きチラシの作成例。お客様もあたたかみのある会社と思ってくれるなど好印象で来店してくれるのでお話がスムーズに進むようです。価格重視というよりも、想いや姿勢に共感してくれる方が多く来店してくれるとのことです。

手書きにすると読みにくくなるというデメリットもあります。この読みにくさをカバーするために細かな文章はパソコンの文字を使うことをおすすめしています。最近では手書き風の書体なども出回っているので、合わせて使うとよりインパクトを出すことができます。

▲手書きとパソコンの文字を使うことでメリハリが生まれ
インパクトを残しつつ読みやすくなります。

広告はお客様に贈るラブレターです。

まずは私たちの想いをお客様に伝えることが大切です。そのわかりやすい方法が手書きで表現するということです。私たちのように制作会社が手書きするパターンもありますが、販売に携わっている方、経営者の方、商品を作っている方が日頃の想いを込めて書いてみることをおすすめします。

究極の反響のある広告は、そんな手書きで書いた手紙をお客様に贈ることです。

お客様にラブレターを贈りなさい!
マンガ：田中徹（兄）

35

アイデア&工夫

具体的に告白する相手をイメージしなさい!!

前項で広告はラブレターとご紹介しましたが、ラブレターなら、もちろん渡したい相手がいますよね? 広告を読んでほしい、来店してほしい、購入してほしいというお客様がいて配布するわけです。広告を作成するときに大切なのは、

まずはだれに読んでほしいのかをイメージすることです。

商品をいきなり前面に持ってきて○○円ですと紹介するのは、いきなり告白するのと同じです。成功する場合もありますが、まずは相手の立場に立って考えることが大切です。

広告でいうなら、読んでほしいお客様が女性なのか、男性なのか、年齢は若い人か、ご年配の人かなど、お客様個人を思い浮かべて絞ってみるといいでしょう。ご年配の奥様をイメージしたなら、広告の雰囲気を明るくしたり、文字は大きくはっきりと書くなどアプローチの方法が明確になってきます。また、悩みを持っている方に向けて解決を促すという切り口もあります。「こんなお悩みありませんか?」とか「○○になりたいとお考えの方へ」などと理想の実現に向けて一言そえるのもおすすめです。

▲お客様に興味を持ってお問合せをしてもらうことに特化した広告制作例です。「○○を解決します」「こんなお悩みありませんか？」と言葉を投げかけます。また電話をしようか悩んでいる方に、お約束を紹介し、まずは電話してもらうことにつなげます。
右肩に「保存版」と入れ、必要になったときのために取っておいてもらえるように、一言入れておくこともおすすめです。

▲リフォームの広告を若い年齢層の主婦の方に読んでもらいたいとイメージし、かわいい装飾や動物などを配置し、明るい雰囲気で作成しました。

上記の広告は若い年齢の主婦をターゲットに作成しました。具体的に読んでほしい人をイメージすると、広告の全体的な雰囲気も変わります。来場者プレゼントもチラシの購読層を考え喜ぶ物を用意しました。

またこの作成例の企業さんは、対応するスタッフを女性にし、広告のイメージと合わせました。同じ女性同士で相談しやすいと反響がよく、リピーターになるお客様も多くなったそうです。さらにショールームをお客様に合わせてリフォームしたそうです。

逆に失敗になった例もご紹介します。

女性客を集めたいと考え、同じようにリフォームチラシを女性向けのかわいいイメージで作成しました。しかし、反響は今まで作成したものとあまり変わりませんでした。

なぜ変わらなかったのか？　その理由は、広告に男性スタッフしか紹介されていなかったのでイメージとのギャップができてしまったのです。

興味を持ってもらえると細かなところまで読んでもらえます。この失敗例から、

全体の雰囲気だけでなく些細な部分もイメージに合わせることが大切だとわかりました。

お客様をイメージしなさい!

マンガ:田中徹(兄)

36 アイデア&工夫

いきなり告白するな！階段をイメージしなさい!!

広告を見るといきなり告白をしているような例があります。それは「今ならお買い得！　商品名　○○○○円！」というように**いきなり商品名と価格を大きく掲載し購入を迫ることです。**

あらかじめその商品の魅力を知っている方なら購入するかもしれません。しかし、いきなり価格を出されてもほとんどの方がピンと来ません。まずは友達からというように、いろいろな良さをＰＲし、共感してもらえるように情報を伝えることが大切です。

個人の飲食店の例をご紹介します。１番大切なのはもちろん料理ですが、美味しいのは当たり前です。来店してもらうためにチラシを配るなら、どんなお店（店内）か、どんな想いでお店をやっているのか、食材など力を入れているポイントは何かなど、食事をするときのイメージが喚起される情報を掲載するといいでしょう。個人で経営しているお店なら、そこにしかない料理や空間・個性があります。お店の全体の雰囲気を知ってもらうことで、興味を持ってもらい来店してもらいやすくなります。料理だけでは大手チェーンでいいやと思われてしまいます。

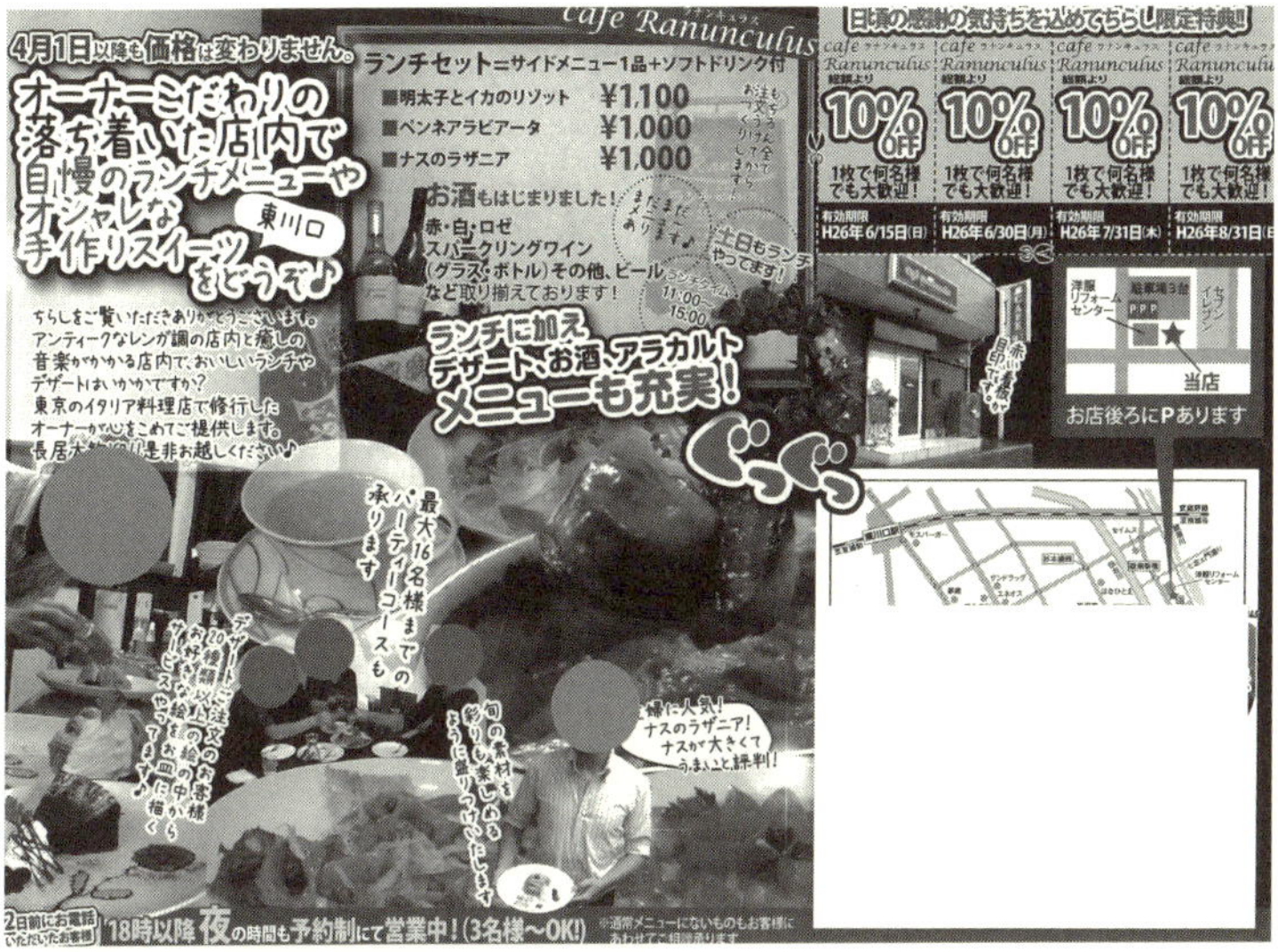

◀個人の飲食店は料理だけでなく、お店の雰囲気やオーナーやスタッフがどんな想いで料理を作っているのかを紹介するのがおすすめです。
チラシを見てくれた人が共感してくれそうな話題を掲載することでこの料理をこのお店に足を運んで食べてみたいと思ってもらうことができ来店につながりやすくなります。
これが大手チェーン店に対抗して同じような料理と値段だけ載せたチラシにしてしまうと、わざわざ足を運んでいこうとまで思わず、料理の値段を安くしたわりには集客につながりません。
まずはお店全体の良さを伝えることが大切です。

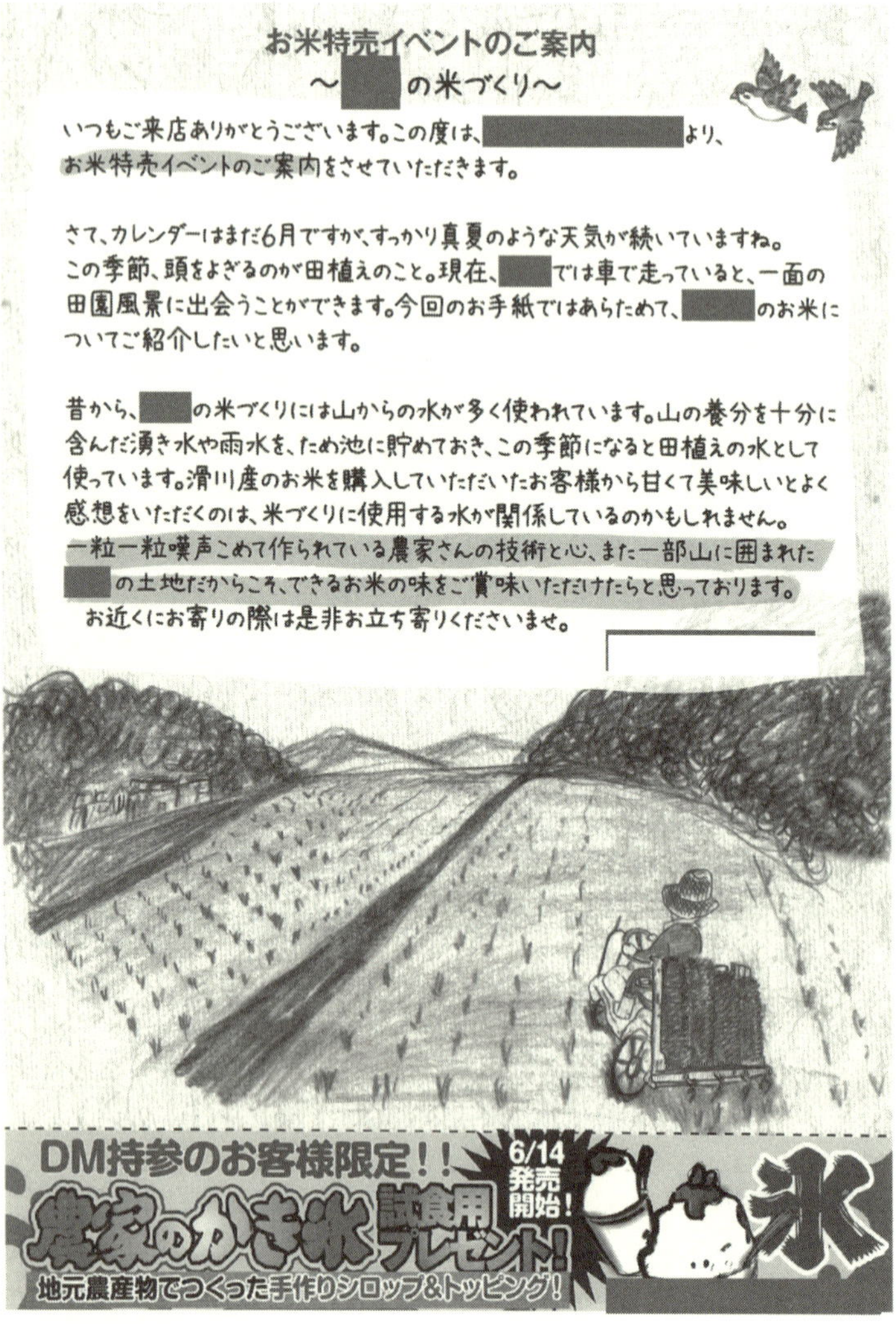

お米特売イベントのご案内
～[redacted]の米づくり～

いつもご来店ありがとうございます。この度は、[redacted]より、お米特売イベントのご案内をさせていただきます。

さて、カレンダーはまだ6月ですが、すっかり真夏のような天気が続いていますね。この季節、頭をよぎるのが田植えのこと。現在、[redacted]では車で走っていると、一面の田園風景に出会うことができます。今回のお手紙ではあらためて、[redacted]のお米についてご紹介したいと思います。

昔から、[redacted]の米づくりには山からの水が多く使われています。山の養分を十分に含んだ湧き水や雨水を、ため池に貯めておき、この季節になると田植えの水として使っています。滑川産のお米を購入していただいたお客様から甘くて美味しいとよく感想をいただくのは、米づくりに使用する水が関係しているのかもしれません。一粒一粒嘆声こめて作られている農家さんの技術と心、また一部山に囲まれた[redacted]の土地だからこそ、できるお米の味をご賞味いただけたらと思っております。
お近くにお寄りの際は是非お立ち寄りくださいませ。

DM持参のお客様限定！！
農家のかき氷 試食用プレゼント！
6/14発売開始！
氷
地元農産物でつくった手作りシロップ&トッピング！
[redacted]

▲過去最高に売り上げを上げることができたＤＭの作成例。既存のお客様に、Ａ４、１枚のお手紙風ＤＭを送りました。新米ができる前のシーズンにもかかわらず１年間の売り上げを約２ヶ月で達成できました。前までは「お米○ｋｇ○○円」と値段だけでしたが、あえてその情報は一切伝えず、おすすめのポイントだけを文章にしました。

産地直売所の販促をお手伝いさせて頂いた事例をご紹介します。お米の販売イベントの告知DMの作成依頼で、今までは商品名と値段だけでしたが、あえてその情報を掲載せず、作り手から見たおすすめのポイントと想いだけを掲載して送ったのです。

するとお米を買いにくるお客様が殺到し、イベント以外でも、そのお米目当てに来店が続き、わずか2ヶ月で1年間の売り上げを達成したのです。

まずは商品やお店に込められた想いを伝えて下さい。お客様の共感につなげ→購入といったステップ（階段）を踏むといいでしょう。

いっぱい想いを書きなさい！
マンガ：田中徹（兄）
よーし チラシには商品の宣伝の前に…
うちの会社がどんな会社かをわかってもらうぞー
スタッフのこともちょっと紹介してやろう…
モットーにしていることも伝えたいなあ
会社のことわかってもらいたくて
いっぱい想いを書いてみたんだ よく見てくれ
ありがとうございます！
はいはい…
社長、肝心の会社名と問い合わせ書き忘れてます
これで問い合わせいっぱい来るだろ?

37

アイデア&工夫

やりすぎるくらいが丁度いい!? もっと派手にやりなさい!!

広告制作についてよくある質問で、

お客様が見てくれる広告の作り方のポイントはなんですか?

というものがあります。パソコンや手書きなど「作り方」はさまざまです。しかし押さえるべき「基本」は共通しています。それは、

「めりはり」をつけることです。

お客様に読んでほしいことはたくさんあると思います。そのすべてを一度に伝えようとするとどこから読んでいいのかわかりません。しかし、文字や写真の配置に強弱をつけると「めりはり」が生まれ、読みやすい広告になります。またこの強弱ですが、やりすぎるくらいの方がいいです。大きなキャッチコピーはお客様が最初に見る部分です。その部分が目に飛び込んでくるような文字の大きさや色使いなどをするといいでしょう。広告に限らず店頭のPOPにも同じことが言えます。まずは左ページの事例をご覧下さい。

▲ダンボールにポスターを貼り合わせた巨大POPをご提案。
極端に大きく派手に作成しました。最初は大きすぎると思っていた店主も過去最高の売上げにつながり、やりすぎるくらいが調度いいとわかっていただきました。

◀塗装会社の社長さんから、おもしろい広告をとご要望頂き、「おもしろ川柳」をコピー文で大きく載せてまずは楽しんでもらう紙面にしました。
この広告を配布後、既存のお客様や同業者からおもしろいとすぐ反応があり、これを続け、まずはおもしろい会社と認知してもらうところから始めるそうです。

この「めりはり」は、写真や文字の大きさだけでなく、演出にも言えます。

手書きの要素を取り入れて、大きな反響があった直売所のチラシの事例をご紹介します。

上のとうもろこしのチラシは最初は文字だけが手書きだったのですが、回を重ねるうちに文字だけではなく、挿絵も色鉛筆を使った手書きにするなど徹底的にこだわり、全体をアナログの雰囲気で統一しました（価格は読みやすいようにパソコンの数字で表現します）。

このように演出にこだわっていくと、お客様が反応してくれるチラシになります。いつもは絶対に褒めない方から「この手書きチラシはいいね」と言って頂き、大変嬉しかったのを憶えています。やりすぎたかな、派手すぎたかなと思うくらいの演出をしてやっとお客様が反応してくれるものになるのです。

新聞の折り込み広告は、最初の5秒で必要なチラシか、ゴミ箱に行くチラシか判断されてしまいます。最初に手に取ったときに、めりはりのない、何がいいたいのかすぐ判断できないチラシや、共感が持てる内容がわかりやすく掲載されていないチラシは、関係がないとか興味がない広告と思われてしまいます。

そのため何度も言いますが、

やりすぎた、派手すぎた、極端に演出しすぎたそれぐらいがお客様に訴える広告には、丁度いいのです。

やり過ぎるぐらいの演出をしなさい!
マンガ:田中徹(兄)

38

アイデア&工夫

こだわるな！ 変化しろ！ 答えは現場にある!!

効果のある広告を作りたいのですがいい方法はありませんか？
とよく聞かれます。その答えがあるのは現場だと考えています。

今あるお店やサービスを利用してくれているお客様が答えを持っています。

常連のお客様がなぜ利用してくれているのか？ その理由を聞けばいいのです。価格以外に利用してくれる魅力がきっとあるはずです。飲食店でいえば気軽に入れる雰囲気がいいとか、いろいろなお酒の種類があり気に入っているとか、店主やスタッフの人柄がいいなど必ずあります。それをお客様と距離が近ければ直接お聞きします。新規のお客様やまだ距離がある場合は、アンケートを書いてもらったりとフィードバックしてもらうのです。そして、

その魅力をもっと磨き、さまざまな形でPRするのです。

それを続けると他社との差別化につながります。

近所のケーキ屋さんに取材に行ったときのお話です。東浦和周辺には洋菓子店が多いので

すが、機会があれば他のお店も加わって、もっとケーキ屋さんがこんなにあると地元の方に知ってほしいとおっしゃっていました。

「他のお店もＰＲすると、お客様も他に行ってしまい心配ではありませんか？」とお聞きしました。すると店主は「関係あるのは自分のお店がいかにお客様を喜ばせるケーキをお出しできているかであって、周りの環境やお店は関係ありません」とおっしゃっていました。目の前のお客様をいかに喜ばせるかということだけを考えていたのです。

新規のお客様を集客することも大切ですが、まずは今来て頂いているお客様を喜ばせる・満足させるということに力を入れると、サービスの質や種類も変化させていくことができます。弊社の例でいうと、おもしろいお中元やお歳暮を贈ることのように、いかに喜んでもらい、驚いてもらうことができるかを考え続けています。時代の変化や流行などに合わせ、今までの「やり方」に固執しないで変えています。

例えば、最近は漫画を使って説明する広告が流行っていますが、弊社でもご提案し、今までにないアピールができると好評頂いています。また、弊社でよく手がけている手書きチラシも、他社とは違うあたたかみのあるチラシを作りたい、というお客様のご要望から生まれたものです。表現の仕方に「こだわらない」姿勢が変化を生み、ニーズのある広告作りへとつながります。

こだわるのではなく常に変化するのです。

▲４コマ漫画を取り入れわかりやすくサービスを説明したチラシ。
手に取ってもらいやすく、気軽に内容をご紹介できるのも好評頂いています。

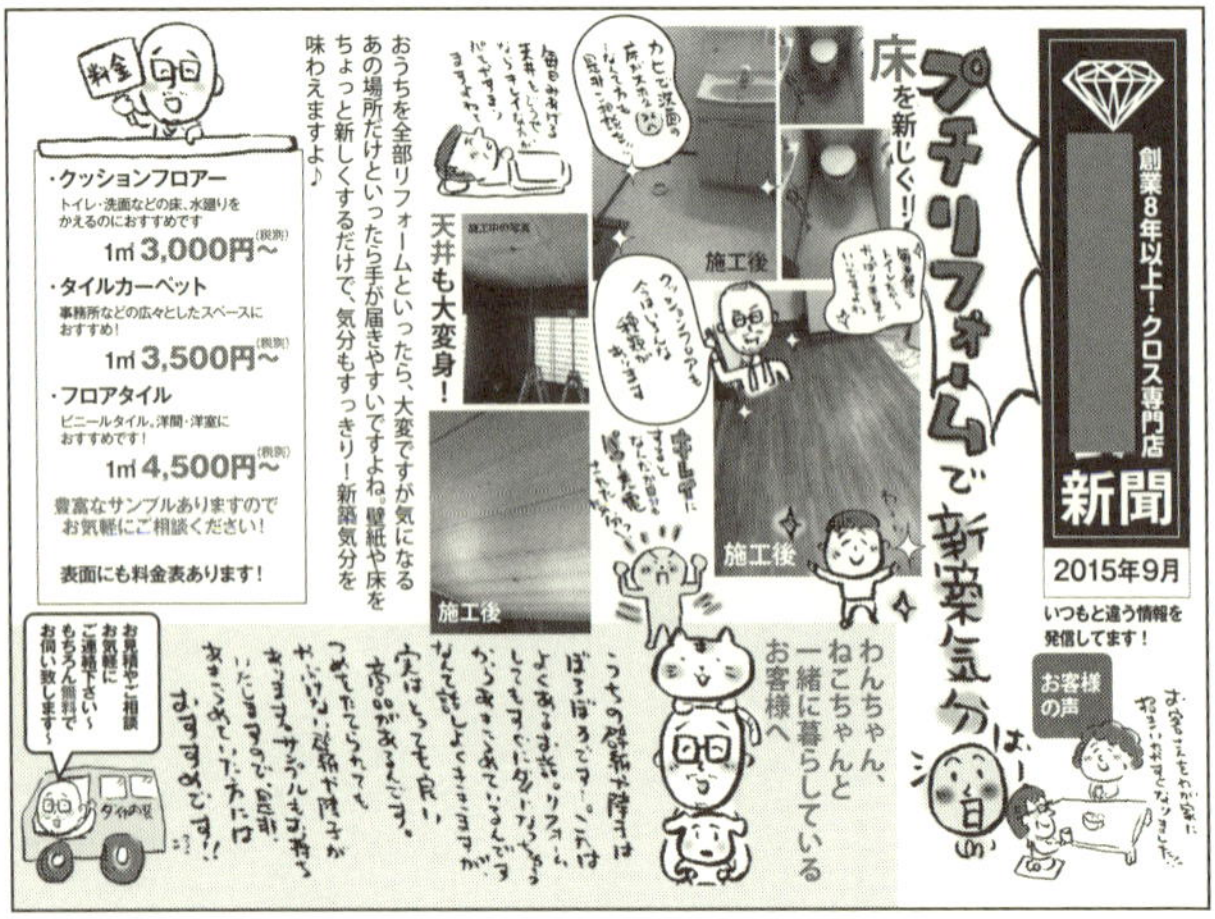

▶写真とイラストを組み合わせた親しみやすい手書きチラシ作成例。

これからもっと周りのニーズや環境は変化していきます。さらにスピードが要求されています。今までの「やり方」に固執しないで常に工夫やアイデアを出し続けることが大切です。またこのアイデアや工夫をし続けようという心の在り方、つまり、

時代の変化に対応し変えていくことが、この先の商売の在り方で重要です。私たちも変化を恐れず挑戦し続けます。

〈掲載協力会社様&協力者様　一覧〉※掲載順不同

・【うまい棒】　株式会社　やおきん
・【オリジナルうまい棒】　有限会社　フェイスウィン
・【チョコレートケーキ　黄金の焼菓子】　箔座株式会社
・【富士山　空気の缶詰】　富士登山観光株式会社
・【山吹色のお菓子】　有限会社セントラル・スコープ
・【タオルはまかせたろ.com】　株式会社京都工芸
・【金持羊羹（ようかん）】　用品名酒センター株式会社
・【LEDバルーン照明機】　和光機械工業株式会社
・【オリジナルデザ印せんべいのせんべいラボ.com】　株式会社　菓房茶房
・【寿司あられ・大金持あられ】　株式会社　ニューエスト
・【あらゆる商品の配送・梱包】　株式会社ファースト・プランニング
・【東浦和の美味しいケーキ屋さん】　菓子工房 Mstyle
・【東浦和にあるレトロな喫茶店】　珈琲あめんぼ
・【東浦和の美味しいうなぎ料理屋さん】　うなぎはす沼
・【書道娘　イラスト制作】　大笹知子
・【熱帯倶楽部】　有限会社エヌ・シー
・有限会社伊田保険事務所
・がくぶち屋の雪山堂
・工房一粒　株式会社

・ラーメンのまめぞう
・be myself 新井恭世
・酒乃おはこ屋
・癒しのサロン　ココ・ソレイユ
・有限会社くれよん
・株式会社スパイス
・花あかり
・株式会社 BANIO
・株式会社ゆう企画
・サンプレイス株式会社
・有限会社エクセル・タム
・久利美術工芸
・有限会社ムトウ
・ドキュメントラボ川口
・モティーフ川原
・のみくい処 屋台家
・はなひとえ

〈東浦和新聞 掲載協力店様 一覧〉
・東浦和飲食店会の皆様
・Cafe&Bar Siesta
・トリコイ ベーグル
・麺，s ハウス 豊来軒
・美容室 M's for hair
・分豊年屋 久の半
・介護タクシーやまぐち
・そば処 丸花
・ダンススタジオ egg
・好吃（はおちぃ）
・マスカット音楽教室
・有限会社 鈴木水道
・ダイヤ内装
・木曽呂の森 どうぶつ病院
・ポスティング イベント高橋

【制作・編集 協力者様 一覧】
・大山祥子・中村周子・武正 昭・前田 敬・田中あゆみ・伊藤 雅徳・内笹井 誠
他たくさんの皆様にご協力頂きました。ありがとうございます。

おわりに
一発逆転より「わくわく」を積み重ねる大切さ

独立をして3年経った頃、お客様からよく言われるようになった言葉が「このチラシはこころさんらしいね」でした。

とくに意識して広告制作をしていたつもりはなかったのですが、いつの間にか当社の特徴ができていたようです。チラシを配布して、そのチラシを見たお客様が同じようなものを作りたいと相談に来られ、順調に依頼が増えていきました。工夫やアイデアを少しずつ積み重ねた結果、「こころ」らしさができていたのです。

お客様から「忙しい中、アイデアはどうやって考えているの?」とよく聞かれます。アイデアの考え方は意識していなかったのですが、あえてあげるとしたら、3つのおすすめの方法があります。

1つ目は、アイデアの宝庫・本屋さんで気になった本を探すことです。

ジャンルにとらわれず、さまざまな本を読んでみることをおすすめします。ビジネスのアイデアを探しているからといってビジネス本や経済の本でなくてもいいのです。例えば私の場合、小さなお子さんが見る絵本を購入することがあります。これは読むというよりも魅せるという切り口で、色使いやイラストの力強さ、本の構成などいろいろなことが参考になります。

2つ目は、自然に触れることです。

私の実家では米作りや、小さな畑で野菜作りをしています。四季を感じ土に触れることによって感性が磨かれます。仕事のことを忘れ作業をしていると、どうしようか悩んでいたことも、ふと解決法やアイデアが浮かんだりします。

都心にお住まいで、土に触れることがない方は、公園の芝生の上を素足で歩くことをおすすめします。足の裏がチクチクしますが、大人になって、素足で芝生の上を歩くことはほとんどないと思います。実際やってみるとかなり新鮮です。しばらく続けていると足の裏が刺激され頭が冴えてきます。歩いた後気持ちがリラックスしていることがわかります。

3つ目は、どうすれば楽しんで（喜んで）くれるのか？という視点で物事を見ることです。

どうすれば売れるのか？　という視点で考えると、自分の考えを押し付けることになり、お客様が離れてしまいます。そうではなく、この商品でどんな方が喜んでくれるのかという視点で見ると、提案が浮かびやすいです。

独立した頃、新しい形の広告の提案がほしいというご要望を頂いたことがありました。

せっかく私たちの提案を見てくれる機会を作ってくれたので、お客様を驚かせよう、楽しませようと考え、今までにない切り口の提案をしました。その広告は社長さんをはじめスタッフ全員の似顔絵を掲載したものにしたいと伝えたのです。広告は集客することが目的ですが、それだけではありません。近所の方に自分たちのことを知ってもらう方法であり、イベントとして楽しむことだという一面をお見せしたのです。

するとは最初は乗り気ではなかったスタッフの方々も積極的に参加してくれて一緒にアイデアを出してくれました。わくわくすることによって、こんなことをしたらおもしろいのではないかと自然と周りの方から楽しいアイデアが出るようになったのです。

4コマ漫画にも書きましたが、今までご紹介してきたアイデアは私たちが考えたのではなく、このようにお客様と一緒に考えてきたものです。眉間にしわを寄せて考えるのではなくとりあえず笑ってみましょう。

今ではこんなユニークな制作会社として活動していますが、私が社会人になって最初に働いていた会社は、毎週締切に追われ徹夜続き、なかなか休みもとれず、スタッフも次々と辞めていく……、そんな過酷な会社でした。

当時は若さで乗り切っていましたが、上司からは「田中君はもっと俺が俺がで、頑張りなさい！」とさらに檄を飛ばされます。「働くってこんなにつまらなくて、大変なことなのか？」

と疑問を持ったものです。

そんな会社が長く続くはずがなく時代の変化もあって、なくなってしまいました。その後、求人誌片手に転職活動を開始。そのとき、偶然募集していた会社に電話して即面接、その場で採用の返事を頂いたのが独立前まで働いていた「株式会社アイペック」でした。

今でもお付き合いがある伊藤敬三前社長には働くということ、仕事をするということ、経営・お金のことなど、たくさんの知識と経験を教わりました。とくに印象的だったのが、

「田中君、俺が俺がじゃないよ、『げ』でいきなさい」

という言葉です。前職のことは一切話していなかったのですが、あのときの上司と反対の言葉を言っていたのです。「『げ』とはおかげの「げ」、今働いている、生きている、それは自分の力じゃない、支えてくれる皆がいるおかげだからだよ、だからおかげ、おかげで周りに感謝して生きなさい」と教えてくれました。

最初の会社で疑問に思っていた「働くってつまらなくて大変なことだ」という考え方が徐々に変わり、前向きにとらえることができるようになりました。

当時、先輩の京太さんには制作に関するデザインの基本から教えてもらいました。熱血指導してもらった技術やテクニックは今でも支えになり、私の中で生き続けています。また聡さん、みい子さんにも、よくして頂き、感謝しています。

そして、アイペックはなくなってしまいましたが、ここで学んだことはまだ世の中に通用する、形を変えて必要とされていると思い、学んだことを自分なりに活かしたいと考え「デザインこころ」として独立しました。そして、いつかこの想いと、試行錯誤してきたアイデアの1つ1つを皆様に知ってほしいと本にしようと考えていました。今回このような思い切った題材の企画を採用して頂いた彩図社様と担当の本井敏弘様には大変感謝しています。

忙しい中、執筆に協力してくれた双子の兄（田中徹）、いつも好アシストしてくれる大山祥子さん、㈱ゆう企画の前田敬さん、今でもサポートしてくれる元会社のメンバー中村周子さん、そしてたくさんの協力会社の皆様、本当にありがとうございます。

そして、この本を手に取って最後までお読み頂いた皆様に心より御礼申し上げます。これからも差別化を図れるアイデア、また楽しい、おもしろいことを発信し続けていきます。引き続き㈱デザインこころを宜しくお願い致します。

最後に今回出版にあたり、たくさんのアイデア溢れる企業様と経営者の皆様にご協力頂きました。この場をお借りして厚く御礼申し上げます。

2015年11月吉日　田中 明

「ココロ」と「こころ」をつなぐ
広告制作をめざして。

株式会社デザインこころ
スタッフ一同

著者略歴
田中徹（たなか・とおる）
1978年生まれ。双子の兄。株式会社デザインこころ代表取締役。印刷の工場、営業、編集、店頭受付の業務と様々な現場を経て独立。2009年にデザインこころを設立 。2014年に法人化。東川口を中心に、営業をすることなく口コミだけで集客し広告・販促を提案。2014年より産地直売所の集客提案やＰＯＰ教室を開催。他社と提携してアイデア商品の開発・提案など多岐にわたって活動中。

田中明（たなか・あきら）
1978年生まれ。双子の弟。情報出版会社と株式会社アイペックを経て双子の兄と一緒に、株式会社デザインこころで活躍。不動産広告の制作や地元の情報を紹介する「東浦和新聞」を発行・制作。ユニークなお中元・お歳暮や広告・販促のアイデアを提案。営業をしなくても紹介で仕事の依頼がくる会社にし、地域密着で活動中。

あなたもできる3億円のお歳暮をあげなさい!!
競合店やライバル会社に差をつける小さな会社のアイデア術

平成27年12月24日第一刷

著　者　　田中徹　田中明
発行人　　山田有司
発行所　　株式会社　彩図社
東京都豊島区南大塚3-24-4
ＭＴビル　〒170-0005
TEL：03-5985-8213　FAX：03-5985-8224
印刷所　　新灯印刷株式会社

URL：http://www.saiz.co.jp
Twitter：https://twitter.com/saiz_sha

© 2015. Toru Tanaka & Akira Tanaka Printed in Japan. ISBN978-4-8013-0113-9 C0034
落丁・乱丁本は小社宛にお送りください。送料小社負担にて、お取り替えいたします。
定価はカバーに表示してあります。
本書の無断複写は著作権上での例外を除き、禁じられています。